音视频
普及版

国学传世经典　名师导读丛书

【春秋】孔子 等◎著

总主编　胡大雷

主编　殷祝胜

论语

漓江出版社

图书在版编目（CIP）数据

论语 /（春秋）孔子等著；胡大雷总主编. -- 桂林：漓江出版社，
2023.1
　（国学传世经典名师导读丛书）
　ISBN 978-7-5407-9234-3

　Ⅰ . ①论… Ⅱ . ①孔… ②胡… Ⅲ . ①儒家②《论语》-研究
Ⅳ . ①B222.25

中国版本图书馆 CIP 数据核字（2022）第 171849 号

论语　LUNYU

作　　　者　【春秋】孔子等　著
总　主　编　胡大雷
主　　　编　殷祝胜

出　版　人　刘迪才
策 划 统 筹　林晓鸿　陈植武
责 任 编 辑　甘智洪
装 帧 设 计　林晓鸿
责 任 校 对　徐　明
责 任 监 印　杨　东

出 版 发 行　漓江出版社有限公司
社　　　址　广西桂林市南环路 22 号
邮　　　编　541002
发 行 电 话　010-65699511　0773-2583322
传　　　真　010-85891290　0773-2582200
邮 购 热 线　0773-2582200
网　　　址　www.lijiangbooks.com
微信公众号　lijiangpress

印　　　制　河北赛文印刷有限公司
开　　　本　710mm×1000mm　1/16
印　　　张　13
字　　　数　190 千字
版　　　次　2023 年 1 月第 1 版
印　　　次　2023 年 1 月第 1 次印刷
书　　　号　ISBN 978-7-5407-9234-3
定　　　价　36.80 元

❖ 前言 ❖

胡大雷

　　古今中外都说"上学读书"。读什么书？其中之一就是读国学经典。习近平总书记说："实现中国梦必须走中国道路、弘扬中国精神、凝聚中国力量。"中国精神，体现在中国人的行为实践中，也体现在国学经典里。国学经典集中传统文化的精华，把古往今来中国人的行为实践概括为语言文字，凝聚为学术知识。

　　从国学经典里，我们可以读到什么、学到什么？

　　第一，我们学到了中国人治国理政的作为、做人做事的规范。古代的"经书""垂世立教"，就是用以传承的治国理政的纲要，读"经书"，就是要懂得做人的规范，比如《论语》倡导的"仁礼孝德""温良恭俭让"等。做人要诚己刑物，以自己的真诚去匡正社会。

　　第二，我们坚定了以爱国主义为核心的民族精神，以此凝聚与铸牢中华民族共同体意识。《春秋》讲"大一统"，所谓"六合同风，九州共贯"；司马迁《史记》讲"大一统"，"大一统"是贯穿中华民族爱国主义精神的一条红线，成为中华民族的精神基因。从《诗经》到屈原的《离骚》，从杜甫的诗句中，从文天祥的《正气歌》、林则徐等人的作品中，我们看到国学经典中有着怎样的对国家民族的期望。爱国主义精神又体现在"天下兴亡，匹夫有责"的名言以及范仲淹"先天下之忧而忧，后天下之乐而乐"的豪言壮语中。

　　第三，我们读到了中国人的智慧。老子《道德经》说："上善若水，水善利万物而不争。"而且如此智慧的语言又体现在执行能力上，习近平总书记就提出，领导者要有老子《道德经》所说"治大国如烹小鲜"的态度。"穷则独善其身，达则兼济天下。"儒道两家为人处世的智慧体现在其中。《庄子》讲"无以人灭天，无以故灭命"，教导我们要与自然相适应；讲"言者所以在意，得意而忘言"，昭示我们要探究事物更深层面的道理。墨子讲

"言有三表"，指明判断真理的几大标准。孟子讲"说诗者不以文害辞，不以辞害志"，讲"知人论世"，以智慧去实施文学批评。这些都值得当代人借鉴。

第四，我们读到了中国人建设美好家园的奋斗精神。孔子称"大道之行也，天下为公。选贤与能，讲信修睦"为人类的理想世界；陶渊明《桃花源记》描摹的桃花源。国学经典中多有对理想社会的叙写，但更多的则是告诉我们如何通过奋斗来实现生活的目标，如"愚公移山"。习近平总书记指出："我们要立下愚公移山志，咬定目标、苦干实干，坚决打赢脱贫攻坚战。""让我们大力弘扬愚公移山精神，大力弘扬将革命进行到底精神，在中国和世界进步的历史潮流中，坚定不移把我们的事业不断推向前进，直至光辉的彼岸。"这些重要论述，赋予传统文化中的奋斗精神以新的时代内涵。

第五，我们得到了文学的享受。国学经典各有文体，它们尽显各自的风采。从语言格式来说，古老《诗经》的四言、《楚辞》的"兮"字体，又有五言、七言及其律化，曲词的长短句，无所不用，只求尽兴尽情。除诗以外，文分散、骈，不拘一格，无不朗朗上口，贴切合心。从表达功能来说，或抒情，或说理，或叙事，读者赏心悦目，便是上乘之作。

我们是中华民族的传人，一呱呱落地，就接受着传统文化的阳光雨露；我们每一个中国人，无论老幼，无论从事什么职业，都应该善于学习，多读国学经典。中华文化是我们的精神家园，国学经典是我们精神家园的文本载体。今天，我们读国学经典，就是树立做一个中国人的根本，就是为了传承中华优秀传统文化，令其生生不已，并赋予新的时代内涵。

为了帮助广大读者学习和阅读国学经典，强化记忆，编者精心选编了这套国学经典丛书，设置导读、注释、译文、点评、拓展阅读、学海拾贝等版块，对原著进行分析解读，并在每本书附加60分钟的音视频画面，范读内容均为经典段落、格言警句及诗词赏析。本套书参考引用了历代学者或今人的研究成果，未能详细列出，在此特别说明，并对众多国学研究者的辛勤劳动致以谢忱！

书 路 领 航

作者简介

孔子（公元前551—前479年），名丘，字仲尼，鲁国陬邑（今山东曲阜）人。春秋末期思想家、政治家、教育家，儒家的创始人。

孔子祖上为宋国贵族，其父叔梁纥曾任陬邑大夫，以勇力著称。叔梁纥在孔子三岁时就病逝了，孔子是在母亲颜徵在的辛苦抚养下长大的。孔子从小受到鲁国浓郁的礼乐文化的影响，喜欢研究周礼。

由于生活贫困，孔子年轻时曾当过管理牲畜的小吏，掌握了不少谋生的技能，这让他的见识远非上层贵族可比。不到三十岁，孔子就以学问精深著称，开始有人向他学习，他就开办了私人学校，用"因材施教""有教无类"等进步的教育思想进行教学，培养出很多出色的人才，声望越来越高。为了进一步提升自己的学问，孔子还曾不远千里到洛阳去向著名的学者老子求教，老子传授孔子不少有关周礼的学问，让孔子受益匪浅。

鲁国内乱时，孔子到了齐国，齐景公很赏识他，却不任用他，于是孔子回到鲁国。他曾担任鲁国的小司空等职，最后升任大司寇，并代行宰相的职责。孔子执掌大权之后，有心振兴鲁国，改变鲁国君权旁落等弊端。但是，他的一些政策得罪了邻国齐国以及鲁国的当权者，被迫离开了鲁国，开始带着一众弟子周游列国，这时孔子已经五十五岁了。

在此后的十四年间，孔子到过卫、宋、陈、蔡、楚等国，自称："如有用我者，吾其为东周乎？"终不见用。期间，他还多次遭遇危险，例如在陈国与蔡国之间就曾被作乱的人围困，绝粮七天才解围。在此期间，孔子始终坚持教学、弹琴，用乐观、坚强的情绪感染着学生们。

等到年近古稀时，孔子才回到鲁国，开始一心一意教授学生，整理典籍。他去世后，他的弟子到处传播他的学问，最终形成了大名鼎鼎的儒家学派。到了汉武帝时，儒家思想成为官方正统思想，对华夏文明的影响极为深远。

孔子作为儒家的创始人，被尊为"至圣先师""素王"，并有"天纵之圣""天之木铎"等美誉。孔子不仅对中国影响深远，还对朝鲜半岛、日本、东南亚等地区有着深远的影响，同时也是有着国际影响力的思想文化名人。

创作背景

孔子出生在春秋时期的鲁国。鲁国为周公旦之子伯禽封地，对周代文物典籍保存完好，素有"礼乐之邦"之称，时人曾称"周礼尽在鲁矣"。鲁国悠久的文化传统与浓厚的学术氛围对孔子思想的形成产生了很大的影响。

孔子早年丧父，家境衰落，故对劳动人民有所同情。虽然孔子生活贫苦，但他有志于学，好学不厌，因此学问十分广博。

孔子自青年时起，就对国家大事非常关心，对政治产生了浓厚的兴趣，经常发表一些见解。但当时正处于乱世，周天子的权威已经衰落，各大国为了加强自己的实力，互相征伐，礼崩乐坏，因此孔子的学说并没有得到重视。但孔子的兴致依然不减，仍带领诸弟子周游列国，宣传自己的学说，《论语》中就留下了许多关于他的政治思想的篇章。

孔子周游列国且不得志，因此便返回鲁国，"退而修《诗》《书》《礼》《乐》"，潜心研究学问，并从事教学活动，培养了大批优秀的学生，打破了"学在官府"的传统，促进了学术文化在下层人民之间的传播。

春秋时期，各大国的竞争主要还是为了争霸，但是到了战国时期，各国实力增强，便开始了统一进程，一些小国相继被吞并，人民也陷于水深火热之中。这时的一些知识分子对社会现实产生了担忧，纷纷发表议论，寻找救国救民之道，形成了不同的流派，出现了"百家争鸣"的局面。以孔子为代表的儒家学派便由此兴盛起来，后来成了中国封建统治阶级意识形态的核心，影响中国达两千多年之久。而《论语》不仅是对孔子的言行的记录，更是对儒家思想的全面总结，因此引起学者们的高度重视，研究热度至今不衰。

内容提要

《论语》是儒家经典之一，由孔子的弟子及其再传弟子编写而成，主要记录了孔子及其弟子的言行，较为集中地反映了孔子的思想。全书分为二十篇，主要内容分为三个方面：做人、治国和教育。

《论语》中的许多篇章都谈到了如何做人的问题，其中很多思想都具有广泛的借鉴意义。孔子认为，首先，做人要做仁德的人。一个没有仁德的人即使再有学问，于国家和社会而言，也是无用的，甚至会招致祸害。为了帮助弟子们达到仁德的境界，孔子明确地指出了仁的标准和走向仁德的途径。子曰："克己复礼为仁。一日克己复礼，天下归仁焉。"（《论语·颜渊》）礼是仁德的外在表现形式，一个行为不符合礼的要求的人就不能算是一个仁德的人。仁德的人在行事上有五个要求，即"恭、宽、信、敏、惠"（《论语·阳货》）。孔子认为，只有拥有了这五项美德，才可以算是一个仁德的人。

孔子关于治国的道理在《论语》中也占有很大的比重。比如孔子主张要坚守"礼"。治国的根本在于"人伦纲常"，如"君君，臣臣，父父，子子"（《论语·颜渊》）。治国的前提在于君主可以做到严于律己，如"苟正其身矣，于从政乎何有？不能正其身，如正人何"（《论语·子路》）。而说到治国的基本原则时，孔子把"信"放在首位，讲究信用，爱护人民，如"道千乘之国，敬事而信，节用而爱人，使民以时"（《论语·学而》)。

在教育上，孔子主张"有教无类"，要因材施教，启发学生多思考，同时还要提高自己的修养。

《论语》虽然文字不多，却饱含着深刻的道理，不仅对当时的社会发展有着直接的推动作用，而且对现代人加强自身道德修养也具有非常重要的作用。我们要吸收和继承孔子思想中符合现代社会发展的精华部分，同时正确认识其中具有时代局限性的东西，对其进行合理地评价。

目录

CONTENTS

学而篇第一

名师导读

　　《学而》是《论语》的第一篇，原有十六章，本书选取六章。这六章内容涉及学习态度、修身、仁义、孝悌（tì）等方面，提出了"学而时习之"的学习方法和"吾日三省吾身""不患人之不已知，患不知人也"等具有深远意义的道德范畴，不仅广泛而深刻地影响了古代社会的文人学子，也为现代人提高自身道德修养提供了参考与借鉴。

1.1

扫码看视频

【原文】

　　子①曰："学②而时习③之，不亦说④乎？有朋⑤自远方来，不亦乐⑥乎？人不知⑦而不愠⑧，不亦君子⑨乎？"

【注释】

　　①子：中国古代对有地位、有学问的男子的尊称，有时也泛称男子。《论语》中"子曰"的子，都是指孔子。

　　②学：孔子在这里所讲的"学"，主要是指学习西周的礼、乐、诗、书等传统文化知识。

③时习：在周秦时代，"时"字用作副词，意为"在一定的时候"或者"在适当的时候"。但朱熹在《论语集注》一书中把"时"解释为"时常"。习，指演习礼、乐，复习诗、书，也含有温习、实习、练习的意思。

④说（yuè）：同"悦"，愉快、高兴的意思。

⑤有朋：一说作"友朋"。旧注说，"同门曰朋"，即同在一个老师门下学习的叫朋，也就是志同道合的人。

⑥乐：与"说"有所区别。旧注说，悦在内心，乐则见于外。

⑦人不知：缺少宾语，没有说出人不知道什么。一般而言，知是了解的意思。人不知，是说别人不了解自己。

⑧愠（yùn）：恼怒，怨恨。

⑨君子：《论语》中的君子，有时指有德者，有时指有位者。此处指孔子理想中具有高尚人格的人。

【译文】

孔子说："学了又时常加以温习，不是很愉快吗？有志同道合的人从远方来，不是很令人高兴吗？别人不了解我，我也不怨恨、恼怒，不也是一个有德的君子吗？"

名师点评

这一章中的三句话是人们特别熟悉的，不仅语言优美，极富韵律，而且蕴含着深刻的哲理。首先，从语言上来说，"不亦说乎""不亦乐乎""不亦君子乎"中的三个"不亦"组成了一个排比句，使全章一气呵成，读起来朗朗上口，让我们感受到了古代语言的韵律美。其次，这一章的三句话向我们传递了一种乐观的生活态度，

"说""乐""不愠"都是十分积极的、充满正能量的词语，从这些词语中，我们可以感受到快乐的召唤。除此之外，这三句话层次分明，语义层层递进，学习的乐趣、朋友相聚的乐趣，这些都较为易得，然而当我们面临"人不知"的境遇时，孔子认为能做到"不愠"就可以算是君子了。由此可见，要做到这一点并非一件容易的事，需要我们修身养性，不断磨炼自己，一点一点提升自己。

总的来说，这一章作为《学而》的首章，鲜明地表现了孔子对待学习的态度。他教导弟子以学习为乐事，注重个人品德培养，做到学而不厌。之后的章节也多次提到了孔子在这方面的见解，这些见解非常值得我们学习。

延伸/阅读

关于学习，鲁迅的故事很值得借鉴。鲁迅是我国现代伟大的思想家和文学家。在学习方面，鲁迅非常用功。一天，上课时有一些问题他没有弄懂，下课后在别人喝茶时，他就把上节课老师教的内容像放电影似的，仔细回顾了一遍，有哪些不懂的地方，就高声诵读出来。正因为这样，鲁迅的学习成绩一直名列前茅。别人问他是怎样做到的，他回答"勤奋"。

1.2

【原文】

曾子①曰："吾日三省②吾身：为人谋而不忠③乎？与朋友交而不信④乎？传⑤不习乎？"

【注释】

①曾子：曾参，字子舆，鲁国人。曾参是孔子的得意门生，以孝出名。

②三省（xǐng）：古代在有动作性的动词前加上数字，表示动作频率高的意思，所以三省不是指三次检查，而是指多次检查。省，检查、查看。

③忠：指竭尽全力地对待别人。

④信：信者，诚也。就是诚实的意思。

⑤传：传授的知识。

【译文】

曾子说："我每天多次自我反省：帮别人办事是不是尽心尽力了呢？与朋友交往是不是做到诚信了？老师传授我的知识复习了吗？"

儒家十分重视个人的道德修养，以求塑造理想人格。此处所讲的自省，则是自我修养的基本方法。

在春秋时代，社会变化十分剧烈，反映在意识领域中，即人们的思想信仰开始发生动摇，传统观念似乎已经在人们的头脑中出现危机。于是，曾参提出了"反省内求"的修养办法，不断检查自己的言行，使自己修成完美的理想人格。《论语》中多次谈到自省的问题，要求孔门弟子自觉地反省自己，进行自我批评，加强个人思想修养和道德修养，改正个人言行举止上的各种错误。这种自省的道德修养方式在今天仍有值得借鉴的地方，习近平主席就曾引用"吾日三省吾身"一语教导大家加强修养，不断反省自己，牢固树立正确的世界观、人生观和价值观。

延伸/阅读

　　唐伯虎是明朝著名的画家和文学家，小的时候在画画方面显示了超人的才华。少年时唐伯虎拜在大画家沈周门下，学习自然更加刻苦勤奋，掌握绘画技艺也很快，深受沈周的称赞。不料，由于沈周的称赞，一向谦虚的唐伯虎也渐渐地产生了自满的情绪。沈周看在眼中，记在心里，一次吃饭，沈周让唐伯虎去开窗户，唐伯虎发现自己伸手去推的窗户竟是老师沈周的一幅画。唐伯虎非常惭愧，从此潜心学画，最终成了著名的画家。

1.3

【原文】

　　子曰："道①千乘②之国，敬事而信，节用而爱人③，使民以时④。"

【注释】

　　①道：治理的意思。

　　②乘（shèng）：古代以四匹马拉的兵车。

　　③人：古代"人"的含义有广义与狭义的区别。广义的"人"，指人类；狭义的"人"，仅指士大夫以上各个阶层的人。此处的"人"与"民"相对而言，可见其用法为狭义。

　　④以时：指按照农时用人。时，农时。

【译文】

　　孔子说："治理一个拥有一千辆兵车的国家，就要严谨认真地办理国家大事而又恪守信用，诚实无欺，节约财政开支而又爱护官吏臣僚，役使百姓不要误农时。"

点·名师·评

这一章讲的是如何治理国家，孔子教导统治者要严肃地办理国家大事，诚实守信，爱护官吏，不误农时，虽然其最终目的是为了巩固统治，但不可否认的是，如果统治者在治理国家时能够做到这些，对社会安定、人民安居乐业会非常有用。

延伸/阅读

历史上以"仁德"出名的皇帝当数刘备。刘备是汉朝皇室后裔，但家道中落，早年生活非常贫苦，能够体会到下层人民的苦难，深知"得人心者得天下"的道理，特别重视以宽仁厚德待人，所以他才获得了人心。《三国志·蜀书·先主传》有这样的记载：刘备管理平原时，郡民刘平看不惯刘备，于是派刺客去刺杀刘备，"客不忍刺，语之而去。其得人心如此"。由此可见刘备的品德是多么高尚。裴松之注引王沈《魏书》补充道："是时人民饥馑，屯聚钞暴。备外御寇难，内丰财施，士之下者，必与同席而坐，同簋而食，无所简择。"因此"众多归焉"。

后来，当刘备被曹操打败，弃樊城向南撤退时，"（刘）琮左右及荆州人多归先主。比到当阳，众十余万，辎（zī）重数千辆，日行十余里"。这时就有人建议刘备抛下这些百姓，刘备却说："夫济大事必以人为本，今人归吾，吾何忍弃去！"在生死存亡之际，刘备仍不愿抛弃百姓，这在历代君主中是很少见的。刘备仁德有道，可见一斑。

1.4

【原文】

　　子曰："弟子①入②则孝，出③则弟，谨④而信，泛⑤爱众而亲仁⑥。行有余力，则以学文⑦。"

【注释】

　　①弟子：一般有两种意义：一是年纪较小，为人弟和为人子的人；二是指学生。这里采用的是第一种说法。

　　②入：进入家门。

　　③出：出门在外。

　　④谨：谨慎小心。

　　⑤泛：广泛的意思。

　　⑥仁：仁人，有仁德之人。

　　⑦文：古代文献，主要有诗、书、礼、乐等文化知识。

【译文】

　　孔子说："年轻人在家就要孝顺父母，出门在外就要顺从师长，言行要谨慎并诚实可信，博爱众人并亲近那些有仁德的人。这样躬行实践之后，还有余力的话，就可以去学习文化知识。"

本章除了提到孝悌之外，还提出了谨信、爱众、亲仁等概念，这些皆为道德修养方面的问题。孔子认为，做好了以上这些之后，假如还有闲暇和余力，才可以学习古代典籍，增长文化知识。由此可见，孔子将道德的培养看作教育的中心和根本，而把知识的学习看作相对次要的东西。这种看法有一定的合理性，但在封建时代，常有过分强调德行而轻视博识求知的情况，以致很多人空谈道德，束书不观，孤陋寡闻。所以正确的态度应该是将道德修养和文化学习并重，才能使自己成为社会需要的人才。

延伸/阅读

汉文帝刘恒，为薄太后所生。汉文帝即位后，以仁孝闻名天下，侍奉母亲从不懈怠。每当母亲生病，文帝就目不交睫、衣不解带地侍奉在母亲左右；所服汤药，文帝在亲口尝过后才放心让母亲服用。汉文帝在位二十四年，特别重视德治，提倡礼仪，重视农业的发展，使当时社会稳定，人民安居乐业。历史上，他与汉景帝的统治时期被誉为"文景之治"。

1.5

【原文】

有子曰："礼①之用，和②为贵。先王之道③，斯为美，小大由之。有所不行，知和而和，不以礼节之，亦不可行也。"

【注释】

①礼：春秋时期的"礼"泛指奴隶社会的典章制度和道德规范。孔子的"礼"，既指"周礼"，也包括人们的道德规范。

②和：调和、和谐、协调。

③先王之道：指尧、舜、禹、汤、文、武、周公等古代帝王的治世之道。

【译文】

有子说："礼的运用，以和谐为可贵。古代君主治国，认为最美的地方就在这里，事无巨细，都按这个原则办理。但是，如遇行不通的时候，只是为了和谐而求和谐，而不用礼加以节制，那也是不可行的。

儒家道德非常推崇礼的作用，并希望以此来达到社会的和谐。《礼记·中庸》中写道："喜怒哀乐之未发，谓之中；发而皆中节，谓之和。"并称"和"是"天下之达道"，即天下一切事物应遵循的普遍原则。孔子认为，礼的推行最终是要达到和谐，重要的就是要达到这种和谐。但是不能为了和谐而讲求和谐，在社会中行事时不受礼的约束也是不行的。这就要求人们要在遵守礼所规定的等级差别的前提下达到和谐。在当时严峻的社会对立形势下，孔子提出这样的思想是非常具有现实意义的。

延伸/阅读

战国时候，强大的秦国常常欺侮赵国。有一次，赵王派蔺（lìn）相如到秦国去交涉，蔺相如因功被封为"上卿"，位在大将军廉颇之上。

廉颇很是不服，扬言要当面羞辱蔺相如。

蔺相如知道后，尽量回避、容让，不与廉颇发生冲突。他坐车出门，只要听说廉颇打前面来了，就叫马车夫把车子赶到小巷子里，等廉颇过去了再走。

蔺相如手下的人对他说："您的地位比廉将军高，何必畏惧他呢？"

蔺相如心平气和地对他们说："我见了秦王都不怕，难道还怕廉将军吗？要知道，秦国现在不敢来打赵国，就是因为国内文官武将一条心。我们两人要是不和，就会给秦国制造进攻赵国的机会。你们想想，国家的事儿要紧，还是私人的面子要紧？"

蔺相如的这番话，后来传到了廉颇的耳朵里。廉颇惭愧极了，于是背负荆条，亲自到蔺相如府上请罪。两人从此成了很要好的朋友，同心协力为国家办事。这就是著名的"负荆请罪"的故事。为了国家的利益，蔺相如能够礼让廉颇，廉颇也能以礼请罪，将相因此关系和谐，这也是一种"礼之用，和为贵"。

1.6

【原文】

子曰："不患①人之不己知，患不知人也。"

【注释】

①患：忧虑、怕。

【译文】

孔子说："不怕别人不了解自己，只怕自己不了解别人。"

点师名评

　　这一章主要是孔子向弟子讲述如何增进和他人之间的了解。这句话的潜台词是：在试着去了解别人的过程中，就会增进相互之间的了解，这样就不用担心没有人了解自己了。这告诉我们，在别人不了解自己时，不要忧虑，重在自我修养。习近平主席在新加坡国立大学演讲时曾引用这一章，希望两国年轻人加深对彼此人生追求和民族文化的了解，从而消除误解，增加信任。在当前的社会环境中，提倡这种反求诸己的精神是很有必要的。

延伸/阅读

　　在蜀国后期，一直是蒋琬主持朝政。当时有个叫杨戏的人，他性格孤僻，不善于言语。有时蒋琬与他说话，他也不搭理。朝廷上有人看不惯杨戏的行为，就在蒋琬面前嘀咕说："杨戏这人也太不像话了，竟然对您如此怠慢！"蒋琬没有生气，却说："人嘛，都有自己的秉性。让他说我的好话，这可不是他的本意；但是让他说我的不是，他又觉得是给我难堪。没办法，他只好不出声了。我看，这点就是他最难得的地方。"杨戏和蒋琬就是彼此了解对方而没有产生误会的很好例子。

学海/拾贝

☆ 学而时习之,不亦说乎？有朋自远方来,不亦乐乎？人不知而不愠,不亦君子乎？

☆ 吾日三省吾身：为人谋而不忠乎？与朋友交而不信乎？传不习乎？

☆ 弟子入则孝，出则弟，谨而信，泛爱众而亲仁。行有余力，则以学文。

☆ 礼之用，和为贵。

☆ 不患人之不己知，患不知人也。

为政篇第二

 名师导读

　　此篇原有二十四章，本书选取六章。这六章内容主要包括治理国家的手段、为官做人的基本原则和方法、个人的学习和自身修养等方面，其中提出的"为政以德""温故而知新"等思想值得我们继承和发扬。

2.1

【原文】

　　子曰："为政以德①，譬如北辰②居其所③而众星共④之。"

【注释】

　　①为政以德：此句是说统治者应以道德进行统治，即"德治"。以，用的意思。

　　②北辰：北极星。

　　③所：处所，位置。

　　④共：同"拱"，环绕的意思。

扫码看视频

【译文】

　　孔子说："当政者以道德教化来治理政事，就会像北极星那样居于一定的方位，而群星都会环绕在它周围。"

此章主要表达的是孔子的德治思想。在孔子看来，唯有用道德教化来治理国家，百姓才能自觉地服从统治者的管理。德治是儒家倡导治国的基本原则，在后来的历史中具有特别重要的政治意义。

延伸/阅读

　　唐太宗以儒家道德操守要求自己，采取了一系列利国利民的政策，如以农为本，休养生息，通过推行均田制，将无主的土地分给个人耕种。其次，削减不必要的国家开支，厉行节约。通过精简官吏、宫女等节省了大量开销。唐朝初年，宫中不许饲养鹰、犬，四方不用进献珍宝。当时的许多大臣也居住在简朴的屋舍中。然后，进一步完善隋朝时的三省六部制和科举制，加强中央集权；改革军事制度；完善法制。对外采用和亲政策，尽量减少战争，先治理国家内部。

　　唐太宗还知人善用，当时许多人才受到重用，如魏徵、杜如晦、房玄龄等。魏徵通过大量、多面的谏诤帮助唐太宗更好地执政。房玄龄、杜如晦是名相，前者善谋，后者善断，相互补充，利于政治清明。

　　唐太宗统治时期，迅速恢复和发展生产，人口增长，社会安定，监狱常空，夜不闭户，是历代公认的太平盛世，被称为贞观之治。

2.2

【原文】

　　子曰："道①之以政，齐②之以刑，民免③而无耻④。道之以德，齐之以礼，有耻且格⑤。"

【注释】

①道：有两种解释，一为"引导"，二为"治理"。前者较为妥帖。

②齐：整齐，约束。

③免：避免，躲避。

④耻：羞耻之心。

⑤格：有两种解释，一为"至"，二为"正"。

【译文】

孔子说："用法制禁令引导百姓，用刑法约束百姓，老百姓只能免于犯罪受惩，却会丢失廉耻之心。用道德教化引导百姓，使用礼制使百姓的言行统一，百姓不仅会有羞耻之心，而且也会遵守法规。"

名师点评

在本章中，孔子举出两种截然不同的治国方针。孔子认为，刑罚只能使人避免犯罪，不能使人懂得犯罪可耻的道理，而道德教化比刑罚要高明得多，既能使百姓循规蹈矩，又能使百姓有知耻之心。这反映了道德在治理国家时有不同于法制的特点。但也应指出：孔子的"为政以德"思想，重视道德是应该的，但过于强调道德的作用，也容易忽视法制在治理国家中的作用。中国古代一直没有树立起依法治国的理念，是与孔子的这种德治思想有密切关系的。

延伸/阅读

　　西汉初年，经济萧条，到处透着荒凉的景象。汉高祖和后来继位的汉文帝、汉景帝吸取了秦朝灭亡的教训，减轻了农民的赋税和劳役，重视农业生产，并大兴节约之风，注重以道德教化臣民。汉文帝即位后多次下诏鼓励农民发展生产，并下诏"弛山泽之禁"，即开放原来归国家所有的山林川泽，从而促进了农民的副业生产和与国计民生有重大关系的盐铁生产的发展。另外，汉文帝还下诏废止诽谤妖言之罪，使臣下能大胆地提出不同的意见。这一系列措施推行以后，国家政治安定，百姓都能丰衣足食，诸侯国的仓库里都堆满了粮食。

2.3

【原文】

　　子曰："吾十有①五而志于学，三十而立②，四十而不惑③，五十而知天命④，六十而耳顺⑤，七十而从⑥心所欲，不逾⑦矩。"

【注释】

①有：同"又"。

②立：自立。

③不惑：掌握了知识，不为外界事物所迷惑。

④天命：指不能为人力所支配的事情。

⑤耳顺：有多种解释。一般而言，指对那些于己不利的意见也能正确对待。

⑥从：遵从的意思。

⑦逾：越过。

【译文】

孔子说："我十五岁立志于学习，三十岁能够自立，四十岁能不被外界事物所迷惑，五十岁懂得了什么是天命，六十岁能正确对待各种言论而不觉得不顺耳，七十岁能随心所欲，而不越出规矩。"

在本章中，孔子自述了他学习和修养的过程。这一过程，也是思想境界随着年龄的增长逐步提高的过程。整个过程分为三个阶段：十五岁到四十岁是学习领会的阶段；五十岁到六十岁是安身立命的阶段，也就是不受环境左右的阶段；七十岁是主观意识和做人的规则融合为一的阶段，在这个阶段，道德修养达到了最高境界。孔子的道德修养过程，有其合理因素：第一，他看到了人的道德修养不是一朝一夕的事，不能一下子完成，不能搞突击，要经过长时间的学习和锻炼，要有一个循序渐进的过程；第二，道德的最高境界是思想和言行的融合，是自觉地遵守道德规范，而不是勉强为之。这两点对任何人都是适用的。

延伸/阅读

毛泽东同志是"活到老，学到老"的典范。他经常告诫自己的子女：可以少吃饭，也可以少睡觉，但是不能不读书。要想在学习上取得成就，一是要刻苦读书，二是要把握好时间，读书是没有其他窍门和捷径可走的。毛泽东同志自己也是这样做的，无论是在戎马倥(kǒng)偬(zǒng)的战争年代，还是在和平年代，为了解决在发展中出现的实际问题，他孜孜不倦地阅读大量的书籍。他总是挤时间读书，有时太忙，他就利用晚上的时间来读书。他的睡眠时间很少，有时读到尽兴处，都忘记了睡觉。每次外出时，毛泽东同志总会带些书，没有书读是他无法忍受的事。

2.4

【原文】

子曰："温故①而知新②，可以为师矣。"

【注释】

①故：已经获得的知识。
②新：刚刚学到的知识。

【译文】

孔子说："在温习旧知识时能学到新的知识，就可以当老师了。"

　　"温故而知新"是孔子对我国教育学的重大贡献之一。孔子认为，不断温习所学过的知识，可以获得新知识。这一学习方法不仅在封建时代有其价值，在今天也有不可否认的适用性。人们的新知识、新学问往往都是在过去所学知识的基础上发展而来的。因此，"温故而知新"是一个十分可行的学习方法。

延伸/阅读

春秋时期有一个名叫师文的郑国乐师，拜鲁国的师襄为师。

师文十分尊敬师襄，并且很懂礼仪，练琴也很努力，他会仔细揣摩师襄示范的每个动作。可是时间已经过去了三年，师襄却从来没有听师文弹过一支完整的曲子。这让师襄很困惑，于是他委婉地劝告师文放弃学琴。而师文却依旧恭敬地回答："老师，我并非不能弹出一支完整的曲子来，我认真体会了您传授给我的那些技艺，我害怕我的心、手、乐器三者因为不协调，而无法演奏出美妙的乐曲。现在，请老师再给我一些时间，让我继续留在您的身边学习，以观后效。"

不久，师文拜见师襄，说："老师，请允许我给您弹一支曲子吧，曲子中的道理终于被我悟出来了！"

当琴声在师文的指尖流淌时，有一种如微风拂面的感觉。师襄陶醉其中，好似品到了从天而降的甘露一般。他大声道："妙极了！我应该拜你为师才对！"

自此，师徒二人互相学习、切磋，琴技日渐提高。

2.5

【原文】

子曰："君子周①而不比②，小人③比而不周。"

【注释】

①周：合群。

②比：勾结。

③小人：没有道德修养的人。

【译文】

孔子说："君子合群而不与人勾结，小人与人勾结而不合群。"

点名师评

孔子在这一章中提出君子与小人的一个区别，就是小人结党营私，与人相勾结，不能与大多数人融洽相处；而君子则胸怀广阔，与众人和谐相处，不与人以私利相勾结。这种思想在今天仍不失其积极意义。

在每个封建王朝的末期，君子与小人斗法，很多时候都是君子失败而小人得志。为什么会出现这种情况呢？原因就在于小人为私利驱使结成牢固集团以后，将国家利益、大众的福祉完全置之度外，关键时刻可以背信弃义；而君子性格耿直，只会做事，讲究忠诚，忧国忧民，关键时刻可以付出生命。久而久之，朝堂充斥小人，君子无立足之地，封建王朝也就随之而亡了。

延伸/阅读

战国时期，赵幽缪王身边有两大宠臣——郭开和韩仓，两个人都是善于溜须拍马的高手，而且嫉贤妒能。公元前229年，秦国派大将王翦率领军队攻打赵国。赵国封武安君李牧为将，命

他率军迎战。李牧是继廉颇之后的又一名将，曾几次击败秦军。王翦对其畏之如虎，听说是他率军抵抗，对此深感头疼。于是他想了一个办法，派人用重金收买郭开。郭开收受了贿赂，便伙同韩仓一起向赵王进谗言，诬陷李牧谋反。赵王大怒，派人取代李牧，并将其召回杀害。五个月后，赵国被秦国所灭。

2.6

【原文】

子曰："学而不思则罔①，思而不学则殆②。"

【注释】

①罔：迷惘、糊涂。
②殆：疑惑、危险。

【译文】

孔子说："只读书学习而不思考问题，就会茫然无知；只空想而不读书学习,就会疑惑不定。"

　　在这一章中孔子指出了"学"与"思"的辩证关系，他认为两者都不可以缺失和偏废。他指出了"学而不思"和"思而不学"的弊端与危害，告诫学生思考问题必须与学习结合起来，否则就会做无用功，达不到预期效果。这样的学习方法是非常有现实意义的，习近平主席2009年在中央党校发表讲话时就引用了这两句话，把它作为善于读书学习的最重要体现。

延伸/阅读

古时候有一个小孩子，名叫方仲永。他出生在一个普通人家，一直长到五岁，也没有见过笔、墨、纸、砚，可是有一天，他突然哭着要这些东西。他的父亲感到非常惊奇，就去邻居家借了一套文房四宝给他。小仲永一看到这些东西，竟然立刻提起笔来，在纸上写了四句诗。

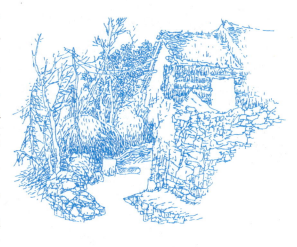

从这以后，不论是谁，只要指定了一件东西给小仲永，他都能立刻写出一首相对应的诗来，而且颇具文采。没有多久，全县的人都知道方家出了个小天才。人们为了见识这个天才的本事，纷纷请他的父亲带他做客，甚至有人花钱来求小仲永题诗。

转眼间，仲永已经十二三岁了。一天，他见到大政治家王安石，便当场写了一首诗。王安石看了，觉得并不像传说的那样精彩。又过了几年，仲永的才能完全消失了。王安石知道后，十分感慨地说："有才智的人不好好读书，结果尚且这样可悲，普通人再不好好学习，肯定会一事无成！"

学海/拾贝

☆ 吾十有五而志于学，三十而立，四十而不惑，五十而知天命，六十而耳顺，七十而从心所欲，不逾矩。

☆ 温故而知新，可以为师矣。

☆ 学而不思则罔，思而不学则殆。

八佾篇第三

名师导读

本篇原有二十六章，本书选取六章。这六章重点论述了孔子非常看重的"礼"的问题。在孔子看来，对礼的违背是令人无法容忍的，要想成为君子，首先要做的就是对礼的恪守。孔子也在自己的行为中，处处注意体现礼的要求。

3.1

【原文】

孔子谓季氏①："八佾②舞于庭，是可忍③也，孰不可忍也？"

【注释】

①季氏：鲁国正卿季孙氏，即季平子。

②八佾(yì)：佾，奏乐、舞蹈的行列。古时一佾八人，八佾就是六十四人，据《周礼》规定，只有周天子才可以使用八佾，诸侯为六佾，卿大夫为四佾，士用二佾。季氏是正卿，只能用四佾。

③可忍：可以容忍。

【译文】

孔子谈及季氏，说："他用六十四人的舞队在自己的庭院中奏乐舞蹈，这样的事情都可以容忍，还有什么事情不能容忍呢？"

点师名评

春秋末期，奴隶制社会处于土崩瓦解、礼坏乐崩的阶段，违犯周礼、犯上作乱的事情不断发生，这是封建制代替奴隶制过程中的必然表现。季氏用八佾舞于庭院，是典型的破坏周礼的事件。对此，孔子表现出极大的愤慨，"是可忍也，孰不可忍也"一句，反映了孔子对此事痛心疾首。

延伸/阅读

季平子（？—公元前505年），即季孙意如，春秋时期鲁国正卿，姬姓，季氏，谥平，史称"季平子"。孔子生活的时代，季氏在鲁国已经专权了好几代。季平子执政后，更是有恃无恐。公元前517年，鲁国国君鲁昭公试图驱逐季氏，将权力收回。季平子于是就与当时同样势力强大的孟孙氏、叔孙氏联合起来，举兵反抗，把鲁昭公赶出了鲁国，另外拥立鲁定公，从而更加牢固地控制了政权。季平子的这种犯上僭越行为影响深远。季平子死后，他的家臣阳虎逼着继位的季桓子承认他为季氏代理，从而控制了鲁国，并对季氏宗族大开杀戒，可以说正是效法季平子违礼犯上行为。

3.2

【原文】

子曰："人而不仁①，如礼何？人而不仁，如乐何？"

【注释】

①仁：仁德。

扫码看视频

【译文】

孔子说："一个人没有仁德，怎么能实行礼呢？一个人没有仁德，怎么能运用乐呢？"

名师点评

仁义是儒家道德对于内心思想情感的要求，礼和乐则是其外在表现。孔子认为仁义是一个人必须具备的道德底线，如果连这一底线都没有，人也就无可救药了。

延伸/阅读

中国有"礼仪之邦"之称，特别是在古代，统治者为了巩固等级制度与宗法关系，制定了复杂的礼法制度和道德标准，约束着古人生活的方方面面。今天，虽然很多烦琐的礼节因为不适应时代而被淘汰，但是遵守礼仪的精神却已经深入中国人的血脉之中。

古代的礼仪主要有五种：吉礼，祭祀天神、地神和祖先；凶礼，即有关丧葬或灾难的一系列礼节；宾礼，是古代天子招待宾客尤其是诸侯时的礼仪；军礼，是军中的礼仪；嘉礼，是婚礼方面的礼仪，也包括古代男子加冠时的礼仪。

古人进行各种礼仪时，都会演奏与礼仪内容相称的音乐，因此这些制度也被称为礼乐制度，对古人的社会生活产生重要影响。

3.3

【原文】

林放①问礼之本。子曰："大哉问！礼，与其奢也，宁俭。丧，与其易②也，宁戚③。"

【注释】

①林放：鲁国人。

②易：治理。这里指有关丧葬的礼节仪式办理得很周到。一说谦和、平易。

③戚：心中悲哀的意思。

【译文】

林放问什么是礼的根本。孔子回答说："你问的问题意义重大！就礼节仪式的实行而言，与其奢侈，不如节俭；就丧事而言，与其仪式上治办周备，不如内心真正哀伤。"

本章记载了鲁人林放向孔子问礼的对话。他问的是：礼的根本是什么。孔子在这里似乎没有正面回答他的问题，但仔细琢磨，孔子还是明确解答了礼之根本的问题。这就是，礼节仪式只是表达礼的一种形式，但礼的根本不在形式而在内心。不能只停留在表面仪式上，更重要的是要从内心和感情上体悟礼的根本，符合礼的要求。

延伸/阅读

隋朝建立之初，隋文帝杨坚知道南北朝时期很多王朝之所以短命，与统治阶级特别是皇室的奢侈有着密切的关系。为了让新生的隋朝统治稳固，隋文帝带头节俭。

隋文帝的车马用具坏了，不去做新的，而是让人一次次修补。有一次，医生给隋文帝配止痢药，要用一两胡粉。当时，胡粉是贵族女子常用的化妆品，但是医生让人在后宫找遍了竟然没有找到。还有一次，杨坚想找一条织成的衣领，也没有找到。

对于自己的儿子，杨坚的要求也非常严格。太子杨勇生活奢侈，是他被废黜的重要原因。三儿子秦王杨俊奢侈铺张，于是被罢职。

在隋文帝的引领下，隋朝上下节俭之风盛行，为"开皇之治"的出现起到了重要的推动作用。

3.4

【原文】

子曰："君子无所争。必也射①乎！揖②让而升，下而饮。其争也君子。"

【注释】

①射：原意为射箭。此处指古代的射礼。
②揖：拱手行礼，表示尊敬。

【译文】

孔子说："君子没有什么可与别人争的事情。如果有的话，那就是射箭比赛。相互作揖谦让然后上场，射完下来后相互敬酒。这样的争也有君子的气度。"

名师点评

在这一章中，孔子提出了"君子无所争"的观点。在孔子看来，不争是君子需要具备的品德之一，如果不得已非要争的话，也一定要遵从礼的要求，这再一次反映出了孔子对礼的重视。这样的思想在当时有着非常积极的意义，如果大家都按照这样的思想来要求自己，对社会安定也会有很大的帮助。

延伸/阅读

曹植（公元192—232年），三国时期魏国诗人。沛国谯（今安徽省亳州市）人，字子建，是曹操与武宣卞皇后所生第三子。

曹丕和曹植本是亲兄弟，曹植少年时就很聪明，能出口成章，下笔千言。曹丕当了皇帝以后，怕曹植威胁自己的地位，想迫害曹植。有一次他让曹植在七步之内作成一首诗，作不成就把曹植处死。曹植应声而起，没走到七步就作好了这首诗："煮豆持作羹，漉菽以为汁。萁在釜下燃，豆在釜中泣。本是同根生，相煎何太急？"

曹植把自己比喻成锅里的豆子，把曹丕比喻成锅下面的豆秆。豆子和豆秆本是生长在同一根上，现在豆秆却在锅下面燃烧，煎熬锅里的豆子，而锅里的豆子无力反抗。曹植用这个比喻，含蓄地指责曹丕，我与你是亲生兄弟，应该是骨肉情深，真诚相待，但现在却是骨肉相残，表达了内心的悲愤。深受礼法教育和熏陶的曹丕听后，一方面也有感触，另一方面受母亲劝阻，便打消了杀曹植的念头。

3.5

【原文】

子入大庙①，每事问。或曰："孰谓鄹人之子②知礼乎？入大庙，每事问。"子闻之，曰："是礼也。"

【注释】

①大庙：太庙，君主的祖庙。鲁国太庙，即周公旦的庙，供鲁国祭祀周公。

②鄹（zōu）人之子：指孔子。鄹，春秋时期鲁国地名，又写作"陬"，

在今山东曲阜东南。

【译文】

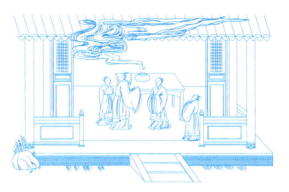

孔子进入太庙，每件事都要问别人。有人说："谁说孔子懂得礼？他到了太庙里，每件事都要问别人。"孔子听到此话后，说："这就是礼。"

点名师评

这一章讲的是孔子初次进入太庙参加祭祀时的事情，虽然对周礼很熟悉，但他仍然事事都向人请教。从孔子的行为中，我们能够看到他谦虚谨慎、不耻下问的学习态度，也能够感受到他对待周礼的庄重、严谨。

延伸/阅读

太庙是帝王祭祀祖先的宗庙，按照周朝的礼制，位于宫门前左（东）侧。历史记载，古代的宗庙，是每庙供奉一位祖先。周朝的时候，天子有七庙，诸侯有五庙，大夫有三庙。宗庙祭祀活动很多，有每月初一举行的月祭，有每个季节举行一次的四时之祭，还有每三年举行一次的合祭诸祖的合祭等。这些祭祀活动都有烦琐的礼节，一般人很难掌握清楚，因此要安排"相"来担任赞礼和司仪工作。孔子进入太庙后"每事问"，这也是一个很重要的原因。

3.6

【原文】

子贡欲去告朔①之饩羊②。子曰："赐也！尔爱③其羊，我爱其礼。"

【注释】

①告朔：古代制度，天子每年秋冬之际，把第二年的历书颁发给诸侯，告知每月初一的日期。朔，农历每月初一。

②饩（xì）羊：祭祀用的活羊。

③爱：爱惜的意思。

【译文】

子贡想取消每月初一告祭祖庙用的活羊。孔子说："赐啊！你爱惜的是那只羊，我爱惜的是那种礼。"

按照周礼规定，周王室每年秋冬之际向诸侯国颁发第二年的历书，告之每月初一的日期。诸侯国按照历书规定，每月初一在祖庙用活羊祭祀。但是，在当时的政治形势下，告朔礼已经名存实亡，所以子贡才想着取消活羊祭祀。但是子贡的这一提议遭到了孔子的严厉斥责，因为孔子认为这是违背周礼的。从这里我们再一次看到了孔子对周礼的执着维护。

延伸/阅读

《周礼》是儒家经典之一，传为周公旦所著，实则成书于两汉之间，与《仪礼》《礼记》合称为"三礼"，为《三礼》之首。《周礼》是古代华夏民族礼乐文化的理论形态，记载了先秦时期社会政治、经济、文化、风俗、礼法诸制，对历代礼制产生了深远的影响。

学海/拾贝

☆ 是可忍也，孰不可忍也？

☆ 人而不仁，如礼何？人而不仁，如乐何？

☆ 赐也！尔爱其羊，我爱其礼。

里仁篇第四

名师导读

　　本篇原有二十六章，本书选取八章。这八章内容主要涉及义与利的关系问题、个人的道德修养问题、孝敬父母的问题，以及君子与小人的区别等。这一篇包括的儒家若干重要范畴、原则和理论，对后世都产生了较大影响。

4.1

【原文】

　　子曰："里仁为美①。择不处②仁，焉得知③？"

【注释】

　　①里仁为美：住在有仁者的地方才好。里，居住。

　　②处（chǔ）：居住。

　　③知（zhì）：同"智"。

【译文】

　　孔子说："住在有仁者的地方才好。选择的住处不是跟有仁德的人在一起，怎么能说是明智的呢？”

　　孔子在这里论述了朋友和居住环境对一个人的道德修养的影响。道德修养虽然是个人自身的事，但是也与每个人所处的外界环境密切相关。重视居住的环境，重视对朋友的选择，这是儒家一贯注重的问题。近朱者赤，近墨者黑，与有仁德的人住在一起，耳濡目染，都会受到仁德者的影响；反之，就不大可能养成仁的情操。

延伸／阅读

　　历史上比较有名的“孟母三迁”的故事体现出环境对人的重要影响。一开始孟子和母亲住在墓地旁边。孟子就学那些扫墓的人跪拜、哭号的样子。孟母看到了很不高兴，就说：“这样下去绝对不行，一定要搬家！”于是他们就搬到市集靠近杀猪宰羊的地方。到了市集，孟子又学起商人做生意。孟母看到后，又皱皱眉头：“看来还要搬家！”于是，他们又搬到了学校的附近。夏历每月初一，就有官员来到文庙，行礼跪拜，孟子也学了很多礼仪。孟母这才高兴地点着头说：“这才是我们应该住的地方呀！”于是他们就在这个地方定居了。

4.2

【原文】

　　子曰："不仁者不可以久处约①，不可以长处乐。仁者安仁②，知者利仁③。"

【注释】

　　①约：穷困、困窘。
　　②安仁：安于仁道。
　　③利仁：认为仁有利于自己才去行仁。

【译文】

　　孔子说："没有仁德的人不能长久地处在贫困中，也不能长久地处在安乐中。有仁德的人是安于仁道的，有智慧的人则是知道仁对自己有利才去行仁的。"

　　在这一章中，孔子认为，没有仁德的人不可能长久地处在贫困或安乐之中，否则，他们就会为非作乱或者骄奢淫逸。只有仁者会安于仁，智者会行仁。这种思想是希望人们注意个人的道德操守，在任何环境下都矢志不移，保持气节。

延伸／阅读

李士谦是隋朝人，他的祖父和父亲都是高官，家里非常富有。李士谦的生活很俭朴，他乐善好施，常常拿出家里的钱接济他人。他所在的州里如果有因家贫而无法安葬的，他听说了一定会奔赴那里，出钱帮助对方办丧事。

有一次，他看到有一个人正在偷割他田里的稻谷，他不仅不上前制止，反而很快地离开了。看到这个情况的人问他为什么这样做，他说："人都有羞耻心，他之所以这样做，肯定是因为家里太贫困了，我不会指责他的。"那个贼听说后万分羞愧，下定决心不再做这样的事。

有一年发生了大饥荒，百姓们快要活不下去了，李士谦拿出了家里所有的钱，用来买米做成粥施舍给穷人，靠他活下来的人数以万计。到了春天，他又拿出粮食种子借给穷困的百姓。百姓们常常抚摸着自己的儿孙说："你们能活着，都是托李参军（李士谦曾当过参军）的福啊。"

4.3

【原文】

子曰："唯仁者能好①人，能恶②人。"

【注释】

①好（hào）：喜爱。用作动词。

②恶（wù）：憎恶、讨厌。用作动词。

【译文】

孔子说："只有有仁德的人才能真正喜爱别人，能真正憎恶别人。"

孔子在这里所讲的是仁者对待不同之人的态度，其中包括好人，也包括恶人。孔子认为，爱与恨是对立共存的，有爱就必然有恨，所以他没有只强调爱人这一方面。他把"仁"作为一个人区分善恶、爱恨的标准，认为只有仁者才能合理地对待这两种感情。

延伸/阅读

齐白石虽然誉满华夏，但他对前辈和同辈的画家都非常恭敬。齐白石曾经写了一首诗："青藤雪个远凡胎，老缶衰年别有才。我欲九泉为走狗，三家门下轮转来。"诗中的"三家"是指徐渭（号青藤）、朱耷（号雪个）和吴昌硕（号老缶）三人。齐白石不仅对老前辈恭敬有加，对同时代的画家也十分尊敬。

上世纪三十年代，外界有人造谣说齐白石瞧不起徐悲鸿，认为徐悲鸿只不过是在国外镀了一层金而已。齐白石听说后，很气愤。后来他对人说："悲鸿是我多年的知己。他画人画马冠绝当世，我佩服之至。"

还有一次，又有人造谣说张大千为人太狂妄了，一点儿都瞧不起齐白石，还自诩说"大千可以怒视一切"。齐白石听过后，微微一笑，不说一句话。不久他刻了一枚"我怒视一人"的印章，门下的弟子就问"一人"指谁？齐白石说："就是造谣说大千可以怒视一切的那个人。"此语一出，谣言便自然而然地平息了。

4.4

【原文】

子曰："富与贵,是人之所欲也;不以其道得之,不处也。贫与贱,是人之所恶也;不以其道得之,不去也。君子去仁,恶乎成名?君子无终食之间违仁,造次①必于是,颠沛必于是。"

【注释】

①造次:慌忙,仓促。

【译文】

孔子说:"富贵是人人都想得到的,但不用正当的方法得到它,就不应该去享受。贫贱是人人都厌恶的,但不用正当的方法摆脱它,就不会摆脱它。君子没有了仁德,该怎么成就名声呢?真正的君子没有背离仁德的时候,仓促的时候也必须按照仁德办事,颠沛流离的时候也一定会按仁德去办事的。"

点名师评

每个人都有追求幸福生活的权利,对富贵和名利的享受也是如此。孔子并不反对人们拥有富贵,而是要求用正当的方式来得到它,不享受通过不正当的途径得到的虚荣和安逸。这一观点丰富了孔子的思想,表明了孔子对富贵的态度。

延伸/阅读

　　西晋时期，石崇是开国功臣石苞的儿子，他自己也做了高官。他非常贪婪，虽然已经十分富有，但还是派属下抢劫远行的商人，积累下很多的财富。当时，晋武帝的舅舅王恺也非常富有，总想跟石崇斗富，但常常失败：王恺家用糖水刷锅，石崇家就用蜡烛当柴；王恺在自家门前道路两侧设置四十里的紫色丝绸路障，石崇就设置五十里的彩缎路障。晋武帝为了帮助舅舅，送给王恺一株两尺高的珊瑚，王恺连忙叫来石崇向他炫耀。没想到石崇随手就将珊瑚打碎了，并让随从取来自家的珊瑚树，三四尺高的达到六七株。王恺彻底认输了。

　　不久，"八王之乱"爆发，石崇全家被赵王司马伦杀死。崇尚奢侈浪费风气的西晋王朝，也在十余年后灭亡，作为一个统一王朝仅存在了三十多年。

4.5

【原文】

　　子曰："君子喻①于义，小人喻于利。"

【注释】

扫码看视频

　　①喻：明白，了解。

【译文】

　　孔子说："君子了解大义，小人只了解小利。"

孔子认为，利要服从义，要重义轻利。他所说的义是指服从等级秩序的道德，而一味追求个人利益，就会犯上作乱，破坏等级秩序。所以，他把追求个人利益的人视为小人。经过后代儒家的发展，这种思想就变成义与利尖锐对立、非此即彼的义利观。

　　儒家的义，是一种最高境界的道德规范，它没有具体的定义，也没有具体的标准，就用一个"义"字代替。儒家提倡的重义轻利，首先是劝人向善、催人向上、励人向公的一种教化，应该加以肯定。其次，由于义之无形，无确切准则，也导致了对其理解的混乱。有人认为自己的行为就是"义"，而有人认为其是"不义"，它与利的界限是模糊的。"义利之辨乃人禽之别"是宋代以后道学的一个核心，但由于有些事难以分清是义是利，这就给重义轻利这一原则的实施造成了很大的困扰。这是中国传统思维的一个重要不足。

延伸/阅读

　　唐朝时有一位药商宋清，他待人仁厚，做买卖很实在，所以他的生意很好。

　　由于宋清的人品好，药的价格合理，采药人都喜欢到他那里卖药。宋清配的药从来没有出现过差错，到他那里买药的人也很多。

　　当穷人买药无钱付账时，宋清总是说："治病救人是第一位的。什么时候有钱了，再还也不迟。"有的人的药费已经拖了一年之久，他也不上门讨账，到年底的时候，还要烧掉一些欠条。人们问他为什么这样做，宋清说："人们信任你，才会来药铺买药，而不去别家，这样的信任是多少钱也买不来的。"

宋清善良忠厚，轻利重义，以德服人，赢得了老百姓对他的信任和敬重，因此他的生意越做越大，成了远近有名的富商。

4.6

【原文】

子曰："见贤①思齐②焉，见不贤而内自省也。"

【注释】

①贤：德才兼备的人。

②齐：相等。

【译文】

孔子说："见到贤人就想着向他看齐，见到不贤的人就自我反省（自己有没有与他相类似的错误）。"

这里谈的是个人道德修养问题。"见贤思齐，见不贤内自省"，实际上就是取别人之长补自己之短，同时又以别人的过失为鉴，不重蹈别人的覆辙。这是一种理性主义的态度，在今天仍不失为精辟之见。2016年"六一"，习近平主席在北京民族小学召开的座谈会上，鼓励孩子们学习先进人物，就曾引用了这两句话。

延伸/阅读

东晋时期，有一对兄弟，一个叫孙潜，一个叫孙放。二人都非常机智聪明，勤奋好学。他们还总是提醒自己向以前的名人贤士看齐，学习他们的精神和智慧，这一点从他们的名字就可以看出来。

孙潜，字齐由。许由是上古时代著名的贤士，尧帝想把帝位禅让给他，但许由说自己的德才不足以胜任，就谢绝了。孙潜取名"齐由"，就是要向许由看齐，学习他谦虚礼让的精神。

孙放，字齐庄。庄子是战国时期著名的思想家、哲学家，道家学派的主要代表人物之一。孙放取名"齐庄"，就是要向庄子看齐，学习他的处世之道。

兄弟两人不光以向贤人学习作为自己的名字，在言行上也处处用先贤的标准要求自己，终于成为当时杰出的人。

4.7

【原文】

子曰："父母在，不远游①，游必有方②。"

【注释】

①游：指游学、游官、经商等外出活动。
②方：一定的地方。

【译文】

孔子说："父母在世，不远离家乡出游，若是要出远门也必须有确定的去处。"

名师点评

　　这一章的内容强调的是孝道的具体行为表现。之所以对子女提这样的要求，是因为父母对子女有永远割不断的牵挂，希望子女能理解这一点，尽量不要让父母担心。儒家讲的孝道，原是建立在骨肉亲情之上的人间最美好的关爱。对父母尽孝，这是作为子女应该做的事情，我们不应该将这种要求理解为对子女的束缚。

延伸/阅读

　　杨乙是唐朝人，家庭十分贫苦，自己身体还比较弱，实在无法奉养父母。万不得已，他只好忍受着耻辱做乞丐，用行乞所得的食物供养父母，倘若父母还没有吃饱，虽然自己饿得饥肠辘辘，也不敢先吃，一定要待父母完全吃饱以后，方才进食。如有珍贵的食品，就跪在父母的面前，恭敬地献给双亲吃。

　　由于他的家在乡间，没有戏院等娱乐场所，他就自己编了很多山歌，在双亲面前一面唱歌，一面跳舞，博得双亲的欢笑。这样经过了十多年，当地的人都为他的孝行所感动。有一家富户，要雇杨乙为佣仆，但他并没有接受，回答富户说："我的双亲终年害病，缠绵床褥，我每天除了行乞之外，还要在家为双亲侍奉汤药，不能一整天离开家庭，所以我无法到你家中来做佣仆，只能谢谢你的好意了。"从此以后，他仍是像以前一样地行乞，稍有余钱，就替双亲延医诊病。父母去世后，他卖掉衣服埋葬父母，每年按时祭奠。

4.8

【原文】

　　子曰："父母之年，不可不知也。一则以喜①，一则以惧②。"

【注释】

　　①以喜：因父母的长寿而高兴。
　　②以惧：因父母的衰老而害怕。

【译文】

　　孔子说："父母的年龄，不可不知道，还要记在心里。一方面为他们的长寿而高兴，一方面又为他们的衰老而恐惧。"

> **名师点评**
>
> 　　春秋末年，社会动荡不安，臣弑君、子弑父等犯上作乱之事时有发生。为了维护宗法家族制度，孔子就特别强调"孝"。
>
> 　　孔子在《孝经》中说"夫孝，天之经也，地之义也，民之行也"。孔子认为，为人子女孝顺父母，是天经地义的法则，是人们应该身体力行的。可见孔子对孝道的看重与推崇。

延伸/阅读

　　孔子有一个得意的弟子以孝顺闻名，他就是子路。子路名叫仲由，字子路，又字季路，春秋时期鲁国人，性格直率勇敢，十分孝顺。早年家中贫穷，他常常采野菜做饭食，却从百里之外背米回家侍奉双亲。父母死后，他做了官，奉命到楚国去，随从的车马有百乘之众，所积的粮食有万钟之多。坐在垒叠的锦褥上，吃着丰盛的筵席，他常常怀念双亲，感叹说："即使我想吃野菜，为父母去背米，哪里办得到呢？"孔子赞扬说："你侍奉父母，可以说是生时尽力，死后思念啊！"

学海/拾贝

☆ 仁者安仁，知者利仁。
☆ 唯仁者能好人，能恶人。
☆ 君子喻于义，小人喻于利。
☆ 见贤思齐焉，见不贤而内自省也。
☆ 父母在，不远游，游必有方。

公冶长篇第五

名师导读

　　本篇原有二十八章，本书选取六章。这六章论述的主要内容是仁德，在孔子看来，仁德包括爱学习的态度，如"敏而好学，不耻下问""听其言而观其行""三思而后行"等。当然，肯定的同时也有批判，对于宰予白天睡觉的行为，孔子就非常气愤，说出了"朽木不可雕也，粪土之墙不可杇也"的名句。

5.1

【原文】

　　子谓子贡曰："女与回也孰愈①？"对曰："赐也何敢望回？回也闻一以知十，赐也闻一以知二。"子曰："弗如也，吾与②女弗如也。"

【注释】

　　①愈：胜过，超过。

　　②与：赞同，同意。

【译文】

孔子对子贡说："你和颜回两个相比，谁更好一些呢？"子贡回答说："我怎么敢和颜回相比呢？颜回他听到一件事就可以推知十件事；我呢，知道一件事，只能推知两件事。"孔子说："是不如他呀，我和你都不如他啊。"

名师点评

颜回是孔子最得意的学生之一。他勤于学习，而且肯独立思考，能做到闻一知十，推知全体，融会贯通。所以，孔子对他大加赞扬。而且，孔子也希望其他弟子都能像颜回那样刻苦学习，举一反三，由此及彼，在学业上尽可能地事半功倍。

延伸/阅读

我国是世界上最早发明印刷术的国家。在古代，印刷书籍主要靠雕版印刷，就是在一块木板上雕出文字，一块木板只能印一页书，刻错一个字整块雕版就浪费了。

北宋时期，一位杰出的发明家发明了活字印刷术，成为今天通用的印刷术的前身。这位发明家名叫毕昇，他只是一位普通的雕版工匠。发现雕版印刷的弊端之后，他就苦苦思索改进的方法。一天，他随手摆弄着一枚印章，突然想道：把很多"印章"刻上不同的字，按照一定的顺序放在一块板子上，粘在一起后就可以印刷了。印刷完一页后把"印章"取下来重新排列，就能印下一页。这样一来，不就不用雕版了吗？经过长期思考、探索和实验，他终于发明了世界上最早的活字印刷术。

5.2

扫码看视频

【原文】

宰予昼寝。子曰："朽木不可雕也，粪土①之墙不可杇②也。于予与何诛③？"子曰："始吾于人也，听其言而信其行；今吾于人也，听其言而观其行。于予与④改是。"

【注释】

①粪土：腐土、脏土。
②杇（wū）：抹墙用的抹子。这里指用抹子粉刷墙壁。
③诛：意为责备、批评。
④与：语气词。

【译文】

宰予在白天睡觉。孔子说："腐朽的木头无法雕刻，粪土垒的墙壁无法粉刷。对宰予这个人，责备还有什么用呢？"孔子又说："起初我对人，是听了他说的话便相信了他的行为；现在我对人，听了他讲的话还要观察他的行为。是宰予让我改变了观察人的方法。"

点师名评

　　白天睡觉似乎不算多大的错误，但在这一章中，孔子对宰予白天睡觉的行为进行了严厉的斥责，认为这样的人就像腐朽的木头和粪土垒成的墙一样难以造就。为什么会这样呢？主要原因应该是孔子对宰予期待高，故而责之切。宰予是天赋很高的人，尤其以会说话见称，是孔子心目中的可造之材，所以刚开始是"听其言而信其行"，对他很是欣赏和放心。但从宰予白天睡觉这件事上，孔子看到了他的不够勤奋，觉得这样下去将会一事无成，因而才会有那样痛切的责备。宰予后来应该是深刻认识到了自己的不足，听取了老师的批评建议，终于成为孔子最著名的学生之一。通过宰予昼寝这件事情，孔子总结概括出了一个观察和看待人的方法，即"听其言而观其行"，这在今天仍是很有价值的。

延伸/阅读

　　宰予（公元前522—前458年），字子我，亦称宰我，春秋末期鲁国人。他是孔子的得意门生之一，是"孔门十哲"之一。宰予小孔子二十九岁，口才很好，能言善辩，常常提出一些具有质疑精神的问题，孔子虽然对此不满，但还是很欣赏他灵活的头脑和出色的辩论才能。他曾跟随孔子周游列国，在这期间受孔子派遣，使于齐国、楚国。

5.3

【原文】

　　子贡问曰："孔文子①何以谓之'文'也？"子曰："敏②而好学，

不耻下问，是以谓之'文'也。"

【注释】

①孔文子：卫国大夫孔圉（yǔ），"文"是其谥号，"子"是尊称。
②敏：敏捷、勤勉。

【译文】

子贡问道："孔文子为什么得到'文'的谥号呢？"孔子说："他聪敏勤勉而好学，不以向比他地位卑下的人请教为耻，所以给他'文'的谥号。"

名师点评

孔子在回答子贡提问时讲到"不耻下问"的问题。这是孔子治学一贯应用的方法。"敏而好学"，就是勤敏而兴趣浓厚地发奋学习。"不耻下问"，就是不仅听老师、长辈的教导，向老师、长辈求教，而且还求教于看起来不如自己的人，并且不以这样做为耻辱。孔子"不耻下问"的表现：一是就近学习自己的学生们，即边教边学，这在《论语》中有多处记载；二是学于百姓，在他看来，群众中可以学的东西很多，这同样可从《论语》中找到许多根据。他提倡的"不耻下问"的学习态度对后世文人学士产生了深远影响。

延伸阅读

萨都剌（là）是元代著名诗人，他二十余岁考中进士，曾在各地为官。

他文思敏捷，诗风清丽俊逸，在当时名气很大。一次，萨都剌赠给一位僧人一首诗，诗中有"地湿厌闻天竺雨，月明来听景阳钟"两句，得到人们的称颂，萨都剌自己也很满意。这一天，他走在路上，听到有人在讨论这两句诗，不由得停下了脚步。只听一位衣着朴素的老人说："我觉得这两句诗还需要改进。"萨都剌大惊，连忙上前问道："敢问老丈，这两句诗有什么地方需要改进呢？"老人见他是一位官员，带着几分怯意说："上句中已经有了'闻'字，下句中又有'听'字，犯了重复的忌讳。"萨都剌暗自惭愧，接着又问道："那您觉得应该怎么改？"老人说："唐诗中有'林下老僧来看雨'的句子，不妨借其'看'字，改为'地湿厌看天竺雨'，大人觉得如何？"萨都剌连忙躬身向老人深施一礼，说道："不瞒老丈，我就是这首诗的作者。您的改动让这两句诗变得有声有色，妙极了，您就是我的'一字师'啊！"

5.4

【原文】

子谓子产①："有君子之道四焉：其行己也恭，其事上也敬，其养民也惠，其使民也义。"

【注释】

①子产：姓公孙，名侨，字子产，郑穆公的孙子，郑国大夫，做过正卿。

【译文】

孔子评论子产，说："他有君子的四种道德：他自己行为庄重，他侍奉君主恭敬，他养护百姓有恩惠，他役使百姓有法度。"

名师点评

　　本章孔子讲的君子之道，也就是为政之道。子产在郑简公、郑定公之时执政二十二年。其时，于晋国当悼公、平公、昭公、顷公、定公五世，于楚国当共王、康王、郏敖、灵王、平王五世，正是两国争强、战乱不息的时候。郑国地处要冲，而周旋于这两大国之间，子产却能既不低声下气，也不妄自尊大，使国家得到尊敬和安全，的确是中国古代一位杰出的政治家和外交家。孔子对子产的评价甚高，认为治国安邦就应当具有子产的这四种道德。

延伸/阅读

　　子产是春秋时期郑国的国相，也是中国历史上著名的贤相。他当政期间赏罚分明，善于发掘人才，且善于外交，多次维护郑国尊严。为了国家的发展，他进行了重大改革，特别是丘赋制度，影响极为深远。

　　子产的改革刚实施的时候，很多百姓不理解，就宣称："子产计算我的家产征收财物税，丈量我的土地征收田税。谁能杀死子产，我就助他一臂之力。"三年后，大家都体会到了改革的好处，于是纷纷赞扬子产："我家的子弟，子产帮我教诲；我家的田产，子产帮我栽培。子产如果死了，还有谁能继承他呢？"子产去世时，青年人痛哭流涕，老人也像孩子一样哭泣。孔子非常尊敬子产，听到子产去世的消息后他也痛哭失声，将子产称为"古之遗爱"。

5.5

【原文】

子曰："晏平仲①善与人交，久而敬之②。"

【注释】

①晏平仲：齐国的贤大夫，名婴。"平"是他的谥号。

②之：指代晏平仲。

【译文】

孔子说："晏平仲善于与人交朋友，相识久了，别人仍然尊敬他。"

名师点评

孔子在这里称赞齐国大夫晏婴，认为他与人为善，能够获得别人对他的尊敬，这是很不容易的。孔子在这里一方面是对晏婴的称赞，另一方面则是希望他的学生向晏婴学习，做到"善与人交"，互敬互爱，成为有道德的人。

延伸/阅读

司马光总结自己说："一生问心无愧，是非分明。"陕州、洛阳一带的百姓被他的德行所感化，一做错事，就说："司马君实会不知道吗？"就连他的政敌王安石也很钦佩他的品德，愿意与他为邻。

对于司马光的政绩，人们褒贬不一。改革派当政时，司马光被列入奸相之列，并要在朝堂和各州郡立"奸党碑"。但是在立碑时，发生了一件意想不到的事。一位名叫安民的石匠对主持此事的宰相蔡京说："小人是愚民，不知道立碑的意图。但司马相公海内都称道他为人正直，现在却要列入奸党，小人不忍心做。"蔡京一怒之下便要处罚他，吓得安民一面求饶，一面哭诉："大人的命令，小人不敢违抗。只是小人有一个请求：在碑上刻匠人名字时，不要把小人安民的名字署上，以免留下千载骂名。"安民的言行得到后人的敬佩，也体现出司马光声望特别高。

5.6

【原文】

季文子①三思而后行。子闻之，曰："再，斯②可矣。"

【注释】

①季文子：姓季孙，名行父，鲁成公、鲁襄公时任正卿，"文"是他的谥号。

②斯：就。

【译文】

季文子每做一件事都要考虑多次。孔子听到了，说："考虑两次，也就行了。"

我们常说三思而后行，总是强调做事之前要多多思考，谨慎为先。但是，对季文子做事之前总是再三思考的行为，孔子并不持赞同态度，认为没有必要考虑那么多次。其实，孔子的话并不是没有道理的，凡事过犹不及，不加思考虽然会出现弊端，但思考过度难免会顾虑过多，犹豫不决。所以，最重要的是要看一件事情值不值得做。如果值得，就要敢于冒一点风险。

延伸/阅读

季文子（？—公元前568年），即季孙行父。春秋时期鲁国的正卿，公元前601—前568年执政。姬姓，季氏，谥文，史称"季文子"。季孙行父处于一个比较特殊的地位，他上承其祖成季之遗风，下启以季氏为首的三桓政治。正因为季文子，鲁国三桓才得以顺利成长，从而导致了鲁国"三桓"之乱的发生。

学海/拾贝

☆ 朽木不可雕也，粪土之墙不可杇也。
☆ 敏而好学，不耻下问，是以谓之"文"也。

雍也篇第六

名师导读

　　本篇原有三十章，本书选取五章。这五章主要讲述了君子应该具备的品德，如"不迁怒，不贰过"的人格修养，颜回"一箪食，一瓢饮，在陋巷"的安贫乐道精神，"知之者不如好之者，好之者不如乐之者"的主动求学态度等。

扫码看视频

【原文】

　　哀公问："弟子孰为好学？"孔子对曰："有颜回者好学，不迁怒①，不贰过②。不幸短命死矣③。今也则亡④，未闻好学者也。"

【注释】

　　①不迁怒：不把怒气发泄到别人身上。

　　②不贰过：不犯同样的错误。贰，重复、一再。

　　③短命死矣：颜回死时年仅三十一岁，所以有短命的说法，可见孔子是多么惋惜。

④亡：同"无"，没有。

【译文】

鲁哀公问孔子："你的学生中谁最好学呢？"孔子回答："有一个叫颜回的学生最好学，不迁怒于人，不重复犯错。但他不幸短命死去了。现在这样的人没了，我再没有听说过好学的人了。"

这一章主要是孔子对自己的得意门生颜回的称赞，他认为自己的学生中只有颜回最好学上进，自颜回死后，就没有如此好学的人了。在孔子对颜回的评价中，他特别谈到"不迁怒，不贰过"，这是孔子非常看重的优秀品德，由此也可以看出他对学生的要求。

延伸/阅读

春秋时期，郑简公派遣一位大夫出使楚国。当车行到一个狭窄的路段，有一个妇人乘车相向而来。两车相会时发生了碰撞，大夫的车轴被折断了。大夫很恼怒，要把妇人抓起来鞭打。妇人说："我听说君子不迁怒，不贰过。现在我的车已经是行驶在这狭路的最边上了，您的驾车仆人却不肯稍稍让一点地方，因而导致您的车被撞坏。您现在却要抓住我来鞭打，这不是迁怒吗？您不怪罪您的仆人，反而怪罪我，这不是贰过吗？您想要鞭打我就鞭打吧，只是可惜您会因此而丧失了君子的美德。"大夫听了妇人的这番话以后，感到很惭愧，无言以对，于是就把妇人放了。

6.2

【原文】

子曰："贤哉，回也！一箪①食，一瓢饮，在陋巷②，人不堪其忧，回也不改其乐。贤哉，回也！"

【注释】

①箪：古代盛饭用的竹器。

②巷：此处指颜回住处。

【译文】

孔子说："颜回的品质是多么高尚啊！一箪饭，一瓢水，住在简陋的小巷里，别人都忍受不了这种穷困清苦，颜回却没有改变他好学的乐趣。颜回的品质是多么高尚啊！"

师评点名

　　孔子在这一章中再次赞美了颜回，如此一再夸奖，可见他对颜回的喜爱。从孔子的话中，我们可以感受到颜回"安贫乐道"的精神品质，纵使在极其艰苦的生活条件下，他也没有改变自己的志趣。

延伸/阅读

晋代时，孙康由于没钱买灯油，晚上不能看书，只能早早睡觉。

一天半夜，他从睡梦中醒来，发现窗缝里透进一丝光亮。原来，那是大雪映出来的，可以利用它来看书。于是他倦意顿失，立即穿好衣服，取出书籍，来到屋外。孙康不顾寒冷，立即看起书来，手脚冻僵了，就起身跑一跑，同时搓搓手。此后，每逢有雪的晚上，他都不放过这个好机会，孜孜不倦地读书。这种苦学的精神，促使他的学识突飞猛进，最终成为饱学之士。

6.3

【原文】

冉求曰："非不说①子之道，力不足也。"子曰："力不足者，中道而废。今女画②。"

【注释】

①说：同"悦"。
②画：划定界限，停止前进。

【译文】

冉求说："我不是不喜欢老师您所讲的道，而是我的能力不够呀。"孔子说："能力不够是到半路才停下来。现在你是自己给自己划了界限不想前进。"

名师点评

　　从本章里孔子与冉求师生二人的对话来看，冉求对于学习孔子所讲授的理论产生了畏难情绪，认为自己的能力不够，在学习过程中感到非常吃力。但孔子认为，冉求并非能力的问题，而是他思想上的畏难情绪作怪，所以对他提出批评。

延伸/阅读

　　东汉时候，有个著名儒生名叫孙敬。他年轻时勤奋好学，经常关起门独自一人不停地读书。每天从早到晚读书，常常是废寝忘食。时间久了，他疲倦得直打瞌睡，怕影响学习效率，就想出了一个特别的办法。古时候，男子的头发很长，他就找了一根绳子，一头绑在头发上，一头牢牢地绑在房梁上。当他读书疲劳时打盹了，头一低，绳子就会牵住头发，这样就会把头皮扯痛，马上就清醒了，再继续读书学习。最终，他成了远近闻名的学者。

6.4

【原文】

　　子曰："知之者不如好之者，好之者不如乐①之者。"

【注释】

　　①乐：以……为乐。

【译文】

孔子说："懂得它的人不如爱好它的人，爱好它的人又不如以它为乐的人。"

点名师评

孔子在这一章里提出了"兴趣是最好的老师"这一观点。在他看来，只有自己主动去学习，学到的知识才更多，对学问的理解也才更深。事实上，除了学问以外，技艺等方面也是如此，这是一个广泛适用的道理。

延伸/阅读

王羲之是东晋书法家，相传他少年时练字十分刻苦。有一天，王羲之在父亲的枕头下发现一本名为《笔谈》的书，书中讲的是有关写字的方法。他翻阅了一下，如获至宝，坐在床上阅读了起来。正在他读得入迷之时，父亲回来了，发现王羲之正在偷偷读他的藏书，便将这本书送给了他。于是，王羲之按照书中所讲方法天天苦练起来。

一直勤学苦练的王羲之，每天挥笔疾书，写完字后就前往自家门口的水池去涮笔。时间一长，池水都染黑了，人们便将这个水池称为"墨池"。王羲之沉醉于书法，勤学苦练，乐此不疲。他草书学张芝，楷书学钟繇（yóu），通过临摹前人的帖子，然后创造出自己的新意，最终形成了自己的书法风格，成为影响深远的"书圣"。

6.5

【原文】

樊迟问知①。子曰："务②民之义③,敬鬼神而远之,可谓知矣。"问仁。曰:"仁者先难而后获,可谓仁矣。"

【注释】

①知(zhì):同"智"。

②务:从事、致力于。

③义:道之所宜,即应当遵循的道义。

【译文】

樊迟问孔子怎样才算是智。孔子说:"专心致力于提倡老百姓应该遵从的道德,尊敬鬼神但要远离它,就可以说是智了。"

樊迟又问怎样才是仁。孔子说:"仁人对难做的事,做在人前面;收获结果时,他在人后,这可以说是仁了。"

这一章提出了"智""仁"等重大问题。面对现实,以回答社会问题、人生问题为中心,这是孔子思想的一个突出特点。他还提出了"敬鬼神而远之"的主张,否定了宗法传统的神权观念,他不迷信鬼神,自然也不主张以筮卜向鬼神问吉凶。所以,孔子是力求以实事求是的态度否定鬼神的作用的。

延伸/阅读

　　樊迟（公元前515—？），名须，字子迟。他是孔子"七十二贤"弟子内的重要人物，他继承了孔子兴办私学的做法，在儒家学派广受推崇的各个朝代享有较高的称誉。唐赠"樊伯"，宋封"益都侯"，明称"先贤樊子"。樊迟的重农思想在历史上具有进步意义。

学海/拾贝

　　☆ 不迁怒，不贰过。

　　☆ 知之者不如好之者，好之者不如乐之者。

　　☆ 务民之义，敬鬼神而远之，可谓知矣。

述而篇第七

名师导读

　　本篇是涉及孔子生活事迹最多的一篇，孔子从自身的经历和感受出发，提出了如何学习和提高自身修养的主张。在孔子看来，学习是提高自身修养的一个方面，所以要态度端正，做到"学而不厌，诲人不倦"，并且谦虚地向别人求教，也就是"三人行，必有我师焉"。在个人修养方面，还要安于自身处境，"饭疏食饮水，曲肱而枕之，乐亦在其中矣"。本篇原有三十八章，本书选取七章。

7.1

扫码看视频

【原文】

　　子曰："默而识①之，学而不厌，诲②人不倦，何有于我哉③？"

【注释】

　　①识（zhì）：记住。

　　②诲：教诲。

　　③何有于我哉：对于我有什么困难的呢？

【译文】

孔子说："默默地记住所学的知识，学习不觉得厌烦，教人不知道疲倦，这对于我有什么困难的呢？"

名师点评

本章紧接前一章内容，继续谈论治学的方法问题。孔子说他"学而不厌，诲人不倦"，这反映了孔子教育方法的一个侧面。他的教育学说对中国教育思想的形成和发展产生了极大影响，时至今日，我们仍在宣扬他的这一教育学说。

延伸/阅读

明朝有一位名叫张溥（pǔ）的才子，他的母亲原是府里的仆人，因此家族里面的人对他十分蔑视。小张溥十分不服气，他认为，只要自己用功读书，将来就会成为一个有出息的人。

张溥学习的方法非常令人敬佩，他首先把文章抄一遍，接着再朗读一遍，然后再把这页纸放进火里烧掉，再取一张纸抄一遍，再读一遍，再烧掉。总计这样重复七次，他便已经能理解并记住文章中的道理了。在张溥成名以后，为了勉励自己坚持这种学习方法，他给自己的书房起名为"七录斋"。

由于他每天这样抄文章，他右手握笔的手指上被磨出了厚厚的茧。每到冬天的时候，他的手总会变得皲裂，于是他便时常用温水洗手，洗暖了再接着写字、朗读。夏天的时候，他的双脚总会被蚊虫叮出许多的疙瘩，于是他就把脚伸到空坛子里，然后继续读书。

7.2

【原文】

子曰："不愤①不启，不悱②不发。举一隅③不以三隅反，则不复也。"

【注释】

①愤：苦思冥想而仍然领会不了的样子。

②悱（fěi）：想说又不能明确说出来的样子。

③隅（yú）：方形物体的角。

【译文】

孔子说："教导学生，不到他想弄明白而不能领会的时候，不去开导他；不到他想说出来却说不出来的时候，不去启发他。教给他一个角，他却不能由此而推知其他三个角，那就不再教他了。"

　　本章孔子谈论了他的教育方法问题。在这里，他提出了"启发式"教学思想。从教学方面而言，他反对"填鸭式""满堂灌"的做法，希望能够启发学生的悟性，要求学生可以"举一反三"，在学生充分进行独立思考的基础上，再对他们进行教育、开导，这是符合教学基本规律的，并且具有深远意义，在今天的教学过程中仍值得借鉴。

延伸/阅读

　　鲁班是我国古代著名工匠，有"木匠祖师"的美誉。他是鲁国人，姓公输，名般，被称为鲁般。由于古时"般"和"班"通用，所以又被称为鲁班。

　　传说中，很多工匠使用的器械都是鲁班发明的，其中包括锯子。传说有一天，鲁班看到一个陡峭的山坡上有一棵大树是很好的木材，就抓着树枝、草根往上爬。忽然，他觉得手指被什么东西割破了，低头一看，原来是抓到了一株从没见过的草。柔软的草怎么能划破皮肤呢？他很好奇，就拔下了那株草，迅速爬上了山坡，盯着草研究起来。原来，那株草的叶子边缘长着许多小齿，就是这些小齿划破了他的皮肤。

　　鲁班突然想道：既然这些小齿能让柔软的草叶变得锋利，那么坚硬的金属片上有了小齿，不就能变得更加锋利吗？他也顾不上砍树了，拿着草叶迅速下了山坡回到家中，没多久就制作出带锯齿的铁片，拿到树下一试，果然比用斧子砍快多了。后来，他又给这种新工具安上了柄，起名"锯"。

7.3

【原文】

　　子谓颜渊曰："用之则行，舍①之则藏②，唯我与尔有是夫③。"
　　子路曰："子行三军④，则谁与⑤？"

子曰："暴虎⑥冯河⑦，死而无悔者，吾不与也。必也临事而惧⑧，好谋而成者也。"

【注释】

①舍：舍弃，不用。

②藏：隐藏。

③夫：语气词，相当于"吧"。

④三军：是当时大国所有的军队，每一军约一万两千五百人。

⑤与：在一起的意思。

⑥暴虎：赤手空拳与老虎进行搏斗。

⑦冯河：无船而徒步过河。

⑧临事而惧：遇到事情便格外小心谨慎。惧，谨慎、警惕。

【译文】

孔子对颜渊说："用我呢，我就去干；不用我，我就隐藏起来。只有我和你才能做到这样吧！"

子路问孔子说："老师您如果统率三军，那么您和谁在一起共事呢？"

孔子说："赤手空拳和老虎搏斗，徒步涉水过河，死了都不会后悔的人，我是不会和他在一起共事的。我要找的，一定要是遇事小心谨慎，善于谋划而能完成任务的人。"

孔子在本章提出不与"暴虎冯河，死而无悔"的人在一起去统率军队。因为在他看来，这种人虽然视死如归，但有勇无谋，是不能成就大事的。"勇"是孔子道德范畴中的一个德目，但勇不是蛮干，而是"临事而惧，好谋而成"。这是孔子对他的弟子中以勇敢著称的子路说的，显然是希望子路能成为一个智勇兼备的人。

　　有超群的勇气是让人佩服的，但一个灵活的头脑对人来说也至关重要。孔子提倡遇事小心谨慎，学会变通，这在现代社会也是值得借鉴的。

延伸/阅读

　　项羽是一个英勇善战的人，在与刘邦的交锋中，他在勇气上占着先导地位，可谋略上却远不及刘邦，这导致了他最后的失败。

　　秦二世元年（公元前209年）七月，项羽随叔父项梁在会（kuài）稽起义，自此开始四处征战。在救赵的巨鹿之战中项羽下令烧毁军营，破釜沉舟，每人只带三日粮，以示誓死决战的决心。项羽身先士卒，九战九捷，率几万楚军击溃四十万秦军，一时间名震天下。

　　刚则易折，勇则易负，胜则易傲，"西楚霸王"项羽被称为古今英雄第一人，但却不是一个好的君王。灭秦后他烧毁宫殿，坑杀秦军二十万，所到之处烧杀抢掠，深失民心；鸿门宴上，他不听范增忠谏，放走刘邦，失去了最佳的铲除强敌的机会。刘邦原本是一个无赖之徒，却能得天下，皆赢在能用人、会用人上。而豪气盖世、叱咤风云的英雄项羽，最终却只落得个乌江自刎的悲惨结局。

7.4

【原文】

　　子曰："饭疏食①饮水，曲肱②而枕之，乐亦在其中矣。不义而富且贵，于我如浮云。"

【注释】

①饭疏食：饭，这里是吃的意思，做动词。疏食，即粗粮。

②曲肱（gōng）：弯着胳膊。肱，胳膊，由肩至肘的部位。

【译文】

孔子说："吃粗粮，喝白水，弯着胳膊当枕头，乐趣也就在这当中了。用不正当手段得来的富贵，对我来讲就像天上的浮云。"

名师点评

这一章中孔子再次提出了安贫乐道的思想，体现了他思想的整体性和稳定性。孔子认为对君子来说，纵使在艰苦的环境中，也能够发现生活的乐趣，保持乐观的生活态度。同时，他也表达了对用不正当的手段得来的荣华富贵的不屑，这种思想深深影响了古代的知识分子，也为一般老百姓所接受。

延伸/阅读

东汉时期，有一个名叫袁安的年轻人，到洛阳去办事，借住在那里。当时正值冬天，突然天降大雪。雪停后，洛阳县令到街上查看情况，发现家家户户都在扫雪，只有袁安门前积雪如故。他觉得奇怪，就进去看，发现袁安正又冷又饿地躺在床上。县令问他为什么不去向别人求助，袁安有气无力地说："天降大雪，人人都因饥饿而苦恼，我不愿意去给别人造成困扰。"县令见他在饥寒交迫之中依然能够保持操守，非常感动，推荐他当了孝廉。

扫码看视频

【原文】

子曰："我非生而知之者，好古，敏①以求之者也。"

【注释】

①敏：聪明，勤奋，敏捷。

【译文】

孔子说："我不是生来就懂得知识的人，而是爱好古代的东西，勤奋敏捷地去求得它的人。"

点评名师

　　在孔子的观念中，"上智"就是"生而知之者"，可他却否认自己是"生而知之者"。他能成为学识渊博之人，在于他爱好古代的典章制度和文献图书，而且勤奋刻苦，思维敏捷。这是他总结自己学习和修养的主要方法。他这样说，是为了鼓励他的学生发奋努力，成为各方面的有用人才。

延伸/阅读

　　古时候有个叫匡衡的人，特别喜欢读书。但是他的家境不是很好，点不起灯，一到晚上就无法再读书。匡衡发现，一到晚上邻居家的烛光非常亮，为了可以读书，他在墙上凿了一个小洞，使邻居家的光透过来，他就对着烛光看书。

　　由于家贫，匡衡也买不起书。县里有个大户人家，他家里有很多书。匡衡就去他家干活，也不要工钱。主人觉得很奇怪，就问他："你为什么白给我干活呀？"匡衡如实说道："我帮你干活，只是想借你家的书看，不知道可以吗？"主人听后就答应了他。就这样，匡衡读的书越来越多，最终成为一个大学问家。

7.6

【原文】

　　子曰："三人行，必有我师焉。择其善①者而从之，其不善者而改之。"

【注释】

　　①善：好，美好。

【译文】

　　孔子说："三个人同行，其中必定有人可以做我的老师。我选择好的品德来学习，看到不好的地方就引以为鉴，改掉自己的缺点。"

"三人行，必有我师焉"，这样的态度非常难得，已融入中华文明的血脉之中，成为中华民族的鲜明品格。习近平主席曾引用这句话，道出了中华民族精神中的这种见贤思齐、善于学习的态度。看到他人的不足便自我反省，看到他人的优点便虚心请教，这样就会有进步。孔子虚心向别人学习的精神很可贵，不过更可贵的是，他不仅以善者为师，而且以不善者为师，这其中含有深刻的哲理，对指导我们为人处世、修身养性、增长知识都是有益的。

延伸/阅读

很多史料证实，孔子曾向年仅7岁的项橐（tuó）学习，根据这一记载，后人创作了一个有趣的故事。

有一天，孔子坐在车上赶路，看到道路当中有个小孩正用石头玩堆城堡的游戏。孔子下车说："车来了，让一下吧！"

小孩就是项橐，他抬起头回答道："从古至今，只听说过车绕城走，哪里听说过城要避车的？我问您三个问题，答出来我就让路，答不出来就请绕城而过。"

"一言为定！"

项橐说："天、地、人为三才，夫子可知天有多少星辰，地有多少五谷，人有多少眉毛？"

孔子摇头说："我还真的不知道。"

项橐得意地说："天有一夜星辰，地有一茬五谷，人有黑白两根眉毛。"

项橐再问："什么水没有鱼？什么火没有烟？什么树没有叶？什么花没有枝？"

孔子答道："江河湖海，水中都有鱼；柴草灯烛，是火就有烟；没有叶不成树，没有枝哪有花？"

项橐听后晃着脑袋说："不对，井水没鱼，萤火没烟，枯树没叶，雪花没枝。"

项橐又问："什么山上无石？什么车子无轮？什么牛无犊儿？什么马无驹儿？什么男人没有妻子？什么女人没有丈夫？"

孔子连连说："啊呀，我还是不知道。"

项橐又道："土山无石，人抬的轿车无轮，泥牛无犊儿，木马无驹儿，神仙无妻，仙女无夫。"孔子心中十分敬佩这个七岁的孩子，于是向项橐行了个礼，让车夫掉转车头绕道走了。

7.7

【原文】

子曰："君子坦荡荡①，小人长戚戚②。"

【注释】

①坦荡荡：心胸宽广、开阔、容忍。

②长戚戚：经常忧愁、烦恼的样子。

【译文】

孔子说："君子心胸宽广，小人经常忧愁。"

点评名师

"君子坦荡荡，小人长戚戚"是自古以来人们所熟知的一句名言。许多人常常将此写成条幅，悬于室中，以激励自己。孔子认为，作为君子，应当有宽广的胸怀，可以容忍别人，容纳各种事件，不计个人利害得失。心胸狭窄，与人为难，与己为难，时常忧愁，局促不安，就不可能成为君子。

延伸/阅读

春秋时期，晋国的奸臣屠岸贾（gǔ）与卿大夫赵氏家族有仇，就挑拨晋景公除掉赵氏，并亲自带兵杀掉了赵氏的家主赵朔，将赵氏灭族。赵朔的妻子庄姬是晋景公的姑姑，她躲进了宫中才幸免于难。当时她已经怀孕了，不久生下了一个男孩，取名赵武。屠岸贾劝晋景公杀掉这个孩子，情况万分紧急。赵朔的门客程婴和公孙杵臼决定保住赵武。于是，他们冒着生命危险将赵武带出宫，随后程婴将自己刚出生的儿子给了公孙杵臼，就到屠岸贾那里举报公孙杵臼藏匿了赵武。屠岸贾带兵杀死了公孙杵臼和那个婴儿，程婴则带着赵武躲进了山中，将他抚养成人。

十五年后，赵朔的友人韩厥终于说服晋景公，将赵武召进宫中任命为卿大夫。程婴与赵武一道杀死屠岸贾，报了这个血海深仇。

学海/拾贝

☆ 默而识之，学而不厌，诲人不倦，何有于我哉？

☆ 不愤不启，不悱不发。

☆ 不义而富且贵，于我如浮云。

☆ 三人行，必有我师焉。择其善者而从之，其不善者而改之。

☆ 君子坦荡荡，小人长戚戚。

泰伯篇第八

名师导读

　　本篇原有二十一章，本书选取六章。这六章的内容包括孔子及其弟子对古代圣贤的评价、关于治国方法的论述、个人立身处世的原则和个人修养等。其中说到的"勇而无礼则乱""天下有道则见，无道则隐""不在其位，不谋其政"等思想，对后世都产生了深远影响。

8.1

【原文】

　　子曰："恭而无礼则劳①，慎而无礼则葸②，勇而无礼则乱，直而无礼则绞③。君子笃④于亲，则民兴于仁；故旧⑤不遗，则民不偷⑥。"

【注释】

　　①劳：辛劳，劳苦。

　　②葸（xǐ）：拘谨、畏惧的样子。

　　③绞：说话尖刻，出口伤人。

　　④笃：厚待、真诚。

⑤故旧：故交，老朋友。

⑥偷：淡薄。

【译文】

孔子说："只是恭敬而不以礼来指导，就会劳苦不安；只是谨慎而不以礼来指导，就会畏缩拘谨；只是勇猛而不以礼来指导，就会犯上作乱；只是直来直去而不以礼来指导，就会说话尖刻。君子若是厚待自己的亲属，老百姓当中就会兴起仁的风气；君子若是不遗弃老朋友，老百姓就不会对人冷漠无情了。"

点师名评

　　本章是孔子对纷繁的社会人生现象的一种归纳。孔子在这里列举了四种人，即"恭""慎""勇""直"之人，但"恭""慎""勇""直"等德目不是孤立存在的，必须以"礼"做指导。只有在"礼"的指导下，这些德目的实施才会符合中庸的准则，否则便会"劳""葸""乱""绞"，不能达到修身养性的目的。

延伸/阅读

　　吕布是东汉末年著名的猛将，由于参与除掉祸国殃民的董卓而声名鹊起，成为颇有影响力的一方诸侯，但最后却败在曹操手里，随即被杀。吕布的悲剧，与他勇而无礼的性格有着很大的关系。他曾经依附徐州牧刘备，但却趁刘备率军外出之际夺走了徐州，遭到刘备记恨。他对待部下非常无礼，因此他被曹操大军包围时，部下背叛他，将他绑住交给曹操。曹操爱惜他的勇敢，有心留下他，刘备却用吕布曾经屡次背叛主公的事迹警告曹操，曹操终于下定决心杀死了吕布。

8.2

【原文】

曾子有疾，孟敬子①问之。曾子言曰："鸟之将死，其鸣也哀；人之将死，其言也善。君子所贵乎道者三：动容貌②，斯远暴慢③矣；正颜色④，斯近信矣；出辞气⑤，斯远鄙倍⑥矣。笾豆之事⑦，则有司⑧存。"

【注释】

①孟敬子：鲁国大夫仲孙捷。

②动容貌：使自己的容貌庄重严肃。

③暴慢：粗暴、放肆。

④正颜色：使自己的脸色一本正经。

⑤出辞气：说话，指注意说话的言辞和口气。

⑥鄙倍：鄙，粗野。倍，通"背"，指有悖于常理。

⑦笾豆之事：笾和豆都是古代祭祀和典礼中的用具，以此来指代祭祀之事。

⑧有司：指主管某一方面事务的官吏，这里指主管祭祀、礼仪事务的官吏。

【译文】

曾子得了病，孟敬子去探望。曾子对他说："鸟快要死的时候，它的叫声是悲哀的；人快要死的时候，他说的话也是善意的。君子所应重视的道有三个方面：使自己的容貌庄重严肃，这样可以避免粗暴、放肆；使自己的脸色一本正经，这样就接近于诚信；使自己说话的言辞和语气谨慎小心，这样就可以避免粗野悖理。至于祭祀和礼节仪式，自有主管这些事务的官吏来负责。"

这一章记述了曾子在自己的病榻上和孟敬子的谈话。他们在政治上持有不同的观点，所以曾子在临死之前，说出了"人之将死，其言也善"的话，试图改变孟敬子的态度，这一方面表明他对孟敬子并没有恶意，同时也告诉孟敬子作为君子应当重视的三个方面。这里所说的"道"主要指的是礼制。君子日常的言行能否遵循礼制的要求，可以反映他是否具有良好的品德修养，所以曾子特别对此加以强调。

延伸/阅读

诸葛亮是我国历史上著名的政治家，以智慧、忠诚著称。有人把诸葛亮的执政特点概括为"诸葛一生唯谨慎"，这是有一定道理的。诸葛亮对蜀国的大小事务几乎事必躬亲，不放过任何可能威胁国家安全和稳定的事件，将国家治理得井井有条。他曾经多次北伐魏国，在军中他更是小心谨慎，士兵犯错惩处二十军棍以上的都亲自数，以免有人徇私。魏国大将军司马懿曾见过诸葛亮设置的严密、坚固的营垒，感叹道："诸葛亮真是天下奇才啊！"

扫码看视频

【原文】

曾子曰："可以托六尺之孤①，可以寄百里之命②，临大节而不可夺也，君子人与？君子人也。"

【注释】

①托六尺之孤：六尺，指十五岁以下，古人以七尺指成年。孤，死去父亲的小孩。托孤，受君主临终前的嘱托辅佐幼君。

②寄百里之命：寄，寄托、委托。百里之命，指国家政权和命运。

【译文】

曾子说："可以把年幼的君主托付给他，可以把国家的政权托付给他，面临生死存亡的紧急关头而不动摇屈服，这样的人是君子吗？是君子啊！"

孔子所培养的就是有道德、有知识、有才干的人，他可以受命辅佐幼君，可以执掌国家政权，这样的人在生死关头决不动摇、决不屈服，这就是具有君子品格的人。

延伸/阅读

三国时，刘备为替关羽报仇，兴兵伐吴。由于疏忽，被吴军火烧连营，惨败而归，退守于白帝城。刘备知道自己活不长了，就派人召来诸葛亮，交代自己的后事。

诸葛亮来到了白帝城，看到刘备病得不成样子，慌忙拜倒在刘备床前。刘备叫诸葛亮坐在身边，虚弱地说："没听丞相的忠告，落得今天这等田地，实在万分惭愧。我这病是很难痊愈了，我儿子能力太弱，我不得不将大事和他托付给你。如果他能辅佐，你就辅佐他；如果他太不成器，你可取代他。"诸葛亮说："我一定尽心竭力辅佐太子。"刘备死后，诸葛亮辅佐幼主刘禅，稳定了西蜀的政局，形成了三分天下的局面。

诸葛亮德才兼备，忠贞不贰，是历代政治家的光辉典范。称他为君子，当之无愧。

8.4

【原文】

曾子曰："士不可以不弘毅①，任重而道远。仁以为己任，不亦重乎？死而后已，不亦远乎？"

【注释】

①弘毅：弘，心胸宽广。毅，坚毅。

【译文】

曾子说："读书人应当心胸宽广、意志坚强，因为他要跋涉遥远的路途，而且肩负着沉重的使命。把实现天下的仁德作为自己的责任，难道还不重大吗？对仁德的追求一直到死才停止，难道还不遥远吗？"

名师点评

　　"士不可以不弘毅,任重而道远",曾子的这句名言在两千余年的时间里影响和塑造了无数中国人的思想,至今仍被人们津津乐道。正是这种使命感、责任感和坚毅的品质,使得一批又一批仁人志士在国家有难、民族危亡的关头挺身而出,用鲜血和生命力挽狂澜,使得中华民族始终屹立于世界民族之林。习近平主席发给全国青联和学联的贺信中曾引用此言,饱含着对青年人的殷切期盼。目前,我们正处在中华民族伟大复兴的关键时刻,必须时刻谨记这句至理名言,为中华民族的伟大复兴贡献出自己的力量。

延伸/阅读

　　司马迁是西汉的太史令,他继承了父亲的遗志,要创作一部流传后世的史书。但是,正当他潜心创作之时,听到大将李陵与匈奴苦战之后投降的消息。司马迁与李陵并不熟,但他出于公义替李陵辩解。没想到,汉武帝勃然大怒,把司马迁抓进监狱,要杀死他。当时,死罪可以用钱来赎,或者自愿接受羞辱的宫刑。司马迁家没有足够赎罪的钱,他本想一死了之,但为了完成史书,他接受了宫刑。出狱之后,他忍辱负重,用十余年的时间写成我国历史上第一部纪传体通史《史记》。

8.5

【原文】

　　子曰:"笃信好学,守死善道。危邦不入,乱邦不居。天下有道

则见^①，无道则隐。邦有道，贫且贱焉，耻也；邦无道，富且贵焉，耻也。"

【注释】

①见（xiàn）：同"现"。

【译文】

孔子说："坚定信念并努力学习，誓死守卫并完善治国与为人的大道。不进入局势危急的国家，不居住在动荡混乱的国家。天下有道就出来做官，天下无道就隐居不出。国家

有道而自己贫贱，是耻辱；国家无道而自己富贵，也是耻辱。"

点师名评

这一章主要是孔子教导自己的弟子为官应该遵循的道理。"危邦不入，乱邦不居""天下有道则见，无道则隐"，这是孔子为官处世的一条重要原则。另外，他提出的把自身的荣辱和国家的兴衰存亡联系在一起的言论，也值得我们学习。

延伸/阅读

老子是我国古代著名哲学家、思想家。他曾是东周朝廷的守藏室史（管理藏书的官员）。由于他博学多才，很多人专程到洛阳向他请教，包括孔子。

当时，周天子虽然是名义上的天下共主，实际上已经没有任何实权，在周敬王时期还发生了一场严重的内乱，周敬王虽然艰难地平息了内乱，但东周王朝的实力进一步被削弱了。老子知道，东周王朝再也没有办法复兴了，于是离开东周，准备到函谷关外隐居。把守函谷关的尹喜知道他是个贤人，请他留下一部著作，老子便写下了著名的《道德经》，随后出关不知所踪。

8.6

【原文】

子曰："不在其位，不谋①其政。"

【注释】

①谋：图谋，营求。

【译文】

孔子说："不在那个职位上，就不考虑那职位上的事。"

名师点评

孔子之所以提出"不在其位，不谋其政"的思想主张，是和当时特有的"名分"问题有一定关系的。在孔子看来，不在其位而谋其政，有僭越之嫌，违背了礼的规定。这样的思想主张在春秋末期对维护社会的安定起到过重要作用，但也对后世产生过消极影响，所以我们对于这种思想的理解要从其特有的时代背景出发，不能超越其时代性。

延伸/阅读

北宋时期，著名政治家、文学家王安石发动了在历史上赫赫有名的王安石变法。王安石为了更好地推行变法，对反对自己的人进行了毫不手软的镇压，大批反对新法的官员被贬职。

新法的反对者中，有一位也是大名鼎鼎的人物，他就是司马光。司马光强烈反对变法，眼看无法动摇皇帝和王安石的决心，于是就请求担任闲官，退居洛阳。其间，司马光"不在其位，不谋其政"，开始全心全意编写史学巨著《资治通鉴》。在十多年的时间里，司马光远离政治旋涡，将注意力完全放在著述上，使得《资治通鉴》成为我国史学史上一部里程碑式的作品。

学海/拾贝

☆ 君子笃于亲，则民兴于仁；故旧不遗，则民不偷。

☆ 鸟之将死，其鸣也哀；人之将死，其言也善。

☆ 士不可以不弘毅，任重而道远。仁以为己任，不亦重乎？死而后已，不亦远乎？

☆ 不在其位，不谋其政。

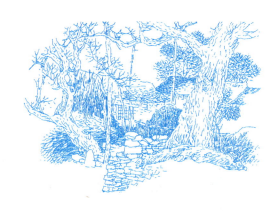

子罕篇第九

名师导读

　　本篇原有三十一章，本书选取七章。这七章主要讲的是孔子的道德教育思想、孔子对其弟子的影响、孔子的某些活动等。其中著名的有"逝者如斯夫！不舍昼夜""后生可畏，焉知来者之不如今也"等言论。此外，孔子"仰之弥高，钻之弥坚"的学识和循循善诱的教育方式也非常值得我们学习。

9.1

【原文】

　　子绝四：毋意①，毋必②，毋固③，毋我④。

【注释】

　　①意：同"臆"，猜想、猜疑。

　　②必：必定。

　　③固：固执己见。

　　④我：这里指自以为是。

【译文】

孔子杜绝了四种弊病：不凭空猜疑，不主观臆断，不固执己见，不自以为是。

"绝四"是孔子的一大特点，这涉及人的道德观念和价值观念，要点在于破除以自我为中心的思考方式。人只有首先做到这几点才能够以海纳百川的宽广胸怀取他人之长以完善道德，修养高尚的人格。

延伸/阅读

包拯是北宋大臣，也是我国历史上著名的"神断"。他善于根据各种蛛丝马迹进行推断，找到确凿的证据，做出公正的审判。他担任天长县令时，曾经断过一桩棘手的案子。

一天，一个农民到县衙告状，说他家牛的舌头被人割去了。包拯一听就明白了，割牛舌的人并不是为了获取钱财，只是为了报复这个农民罢了。于是，他就让农民回去宰牛卖牛肉。当时政府明令禁止宰杀耕牛，第二天就有人到县衙告发那个农民私宰耕牛。包拯把告发者抓住一审问，他果然就是割牛舌的人。原来，这是包拯设的一个圈套，他知道割牛舌的是农民的仇人，肯定会借机来举报，从而将他成功抓获。

9.2

【原文】

子曰："吾有知乎哉? 无知也。有鄙夫问于我，空空如也。我叩^①其两端^②而竭^③焉。"

【注释】

①叩：叩问、询问。

②两端：两头，指正反、始终、上下方面。

③竭：尽力探求。

【译文】

孔子说："我有知识吗? 没有啊。有一个浅陋的人来问我问题，我却一点也不知道。于是我从问题的两端去叩问，尽我所能去探求。"

在这一章中，孔子主要提出了一种探求问题的方法。孔子虽然学识渊博，但他从来不以博学自居，不认为自己精通每一方面的知识，所以他不强调知识的多少，而是强调一种分析问题、解决问题、获得知识的方法。这种分析问题、解决问题的思路值得我们借鉴。

延伸/阅读

　　孔子周游列国时，有一年到了楚国，看到树林里有一个驼背的老人正在用长竹竿聚精会神地粘蝉，简单得就像在地上捡拾一样。虽然这算不上什么高端的才能，孔子依然上前恭敬地请教，让老人告诉他其中的奥妙。老人说："我是经过长期练习才这么熟练的。我先在竿头叠起两枚泥丸，如果它们不掉落，我粘蝉就很少失手了；叠起三枚泥丸不掉落，十次的话，失手就不超过一次了；叠起五枚泥丸不掉落，那粘蝉就像在地上捡拾一样容易了。"孔子感叹地对弟子们说："这位老人算得上善于凝神了。看来我需要学习的东西还有很多啊！"

【原文】

　　颜渊喟然①叹曰："仰之弥②高，钻之弥坚。瞻③之在前，忽焉在后。夫子循循然④善诱⑤人，博我以文，约我以礼，欲罢不能。既竭吾才，如有所立卓尔⑥，虽欲从之，末由⑦也已。"

【注释】

　　①喟（kuì）然：叹息的样子。

　　②弥：更加，越发。

　　③瞻（zhān）：视、看。

④循循然：有次序的样子。

⑤诱：劝导，引导，教育。

⑥卓（zhuó）尔：高大、超群的样子。

⑦末由：末，无，没有。由，途径，路径。

【译文】

颜渊叹息说："对老师的学问与道德，抬头仰望就越发觉得高，努力钻研就越发觉得坚厚。看着它好像在前面，忽然又像在后面。老师善于一步一步地引导我，使我习得各种典籍知识，又用各种礼节来约束我的言行，使我根本没法停下来。我已用尽了全力，好像还有一个十分高大的东西立在我前面，虽然我想要追随上去，却不知从哪条路开始。"

名师点评

通过颜渊对老师孔子的赞美可以看出，孔子对弟子的教育方法就是循循善诱，以引导为主，并善于激发学生的学习兴趣，使他们欲罢不能。在注重弟子知识发展的同时，孔子又用礼仪来约束弟子的行为。这种教育方法对后世产生了深刻影响，至今都还深受人们推崇。

延伸/阅读

庄子是战国时期著名思想家、教育家，他教育弟子以循循善诱著称。

一天，庄子和弟子一起出游，在山脚下看到一棵大树，枝繁叶茂、粗壮无比，路过的樵夫却都不看它一眼。庄子的弟子很好奇，就拉住一位樵夫，问他为什么没人砍这棵大树。樵夫不屑地说："这种树的木材很没用，做船会沉，做柱子容易被虫蛀。这是一棵不成材的树，所以能够长寿。"

这时，庄子不失时机地教育弟子说："人都知道有用的用处，而不知道无用的用处。我们就应该处在有用和无用之间。"弟子若有所思地点了点头。

扫码看视频

【原文】

子在川上，曰："逝者如斯夫！不舍①昼夜。"

【注释】

①舍：停留。

【译文】

孔子在河边，说："流逝的时光就像这河水一样啊！不分昼夜地向前流去。"

名师点评

这一章主要是孔子看到河水不停地流逝发出的感慨。孔子由眼前河水的流逝，想到日月轮回，四季变迁，想到人自出生后，由少而壮，由壮而老。个人如此，群体亦不例外。孔子生在春秋乱世，想见西周盛况也见不到，只能梦见周公而已。由此可知，宇宙万物，无一不是在不停地向前奔跑，无一不是一去不复返。在这种失落的心境下，孔子不由自主地产生了对生命意义的思考。

延伸/阅读

　　宋代的李玉小时候非常懂得珍惜时间，从学堂回家之后，总是捧着一本书自己背读。他的叔叔看见了，总是批评他说："你还小，时间有的是，怎么就不与我下下棋呢？"李玉反驳叔叔说："一年三百五十四日，十年三千五百四十日。十年很快就过去了啊，到那时要是一事无成，我可就后悔莫及了。"

　　古往今来，有不少人叹惜时间易逝，于是长叹曰："光阴似箭催人老，日月如梭趱（zǎn）少年。"的确，时间的流速令人难以估计，无法形容。树叶枯了，有再青的机会；花儿谢了，有再开的时候；燕子去了，有再回来的时刻。然而，人的生命要是结束了，用完了自己有限的时间，就再也没有复活、挽救的机会了。"花有重开日，人无再少年。"时间就这样一步一步，永不返回。所以，我们莫把宝贵的光阴虚掷，要珍惜时间，利用好每分每秒，不要虚耗它。

9.5

【原文】

　　子曰："后生①可畏②，焉知来者之不如今也？四十、五十而无闻焉，斯亦不足畏也已。"

【注释】

　　①后生：后代的人，年轻人。
　　②畏：敬畏。

【译文】

孔子说："年轻人令人敬畏，怎么知道后代就不如前代呢？一个人要是到了四五十岁时还默默无闻，那他就没有什么值得敬畏的了。"

名师点评

孔子提出后生可畏的思想。在他看来，社会是在不断变化发展的，后代人总是会在前代人基础上有所发展和进步的。这就是说"青出于蓝而胜于蓝""长江后浪推前浪，一代更比一代强"。社会在发展，人类在进步，后人一定会超过前人，这种发展进步的趋势是不可改变的。但作为个人，则必须刻苦学习，不断奋进，才能取得超越前人的成就。

延伸/阅读

欧阳修是北宋卓越的文学家、史学家。他一向治学严谨，好读书，直至晚年也没有任何懈怠。他常将自己所写的文章拿出来进行修改，以使自己的文章做到最好。他废寝忘食地求学，夫人见他年岁已高，还如此劳心费力，害怕他操劳过度，对身体不好，就想去制止他。她关切地对丈夫说："相公，何必如此用功，不惜贵体安康，为这些文字吃这么多苦头。相公已年迈致仕（退休），难道还怕先生责难生气吗？"欧阳修回答说："不怕先生生气，只怕后生生讥。"他接着又说了一句："后生可畏也！"

9.6

【原文】

子曰:"三军①可夺帅也,匹夫②不可夺志也。"

【注释】

①三军:一万二千五百人为一军,三军包括大国所有军队。此处言其多。

②匹夫:平民百姓中的男子。

【译文】

孔子说:"一国军队可以夺去它的主帅,但一个男子汉的志向是无法剥夺的。"

点师名评

"理想"这个词,在孔子时代称为"志",就是人的志向、志气。"匹夫不可夺志",反映出孔子对"志"的高度重视,将它的地位提升到三军之帅之上。对一个人来讲,他一定要有志向,他应坚守这种志向,不让它被任何人剥夺,因为这是他作为一个人的尊严。这是孔子提出的一种理想人格,对后世产生了深远的影响。

延伸/阅读

春秋时期，齐国大夫崔杼（zhù）杀害了齐庄公，他让另立的国君封自己为相国，大权独揽，十分专横。但崔杼很担心史官把他杀害君主的罪行记录下来，让他留下千古骂名。

这一天，崔杼把齐国专管记载史实的太史找来，威严地命令道："现在你把庄公死亡的原因记录下来，就说他是患病而亡！"太史不慌不忙，提笔在竹简上写道："某年某月某日，崔杼弑其君。"意思是崔杼杀害了齐国的君主。崔杼勃然大怒，立刻把这位太史杀了。

当时史官都是世袭的，于是崔杼把太史的二弟召来，对他提出了同样的要求。新任太史听完相国的话，冷静地摊开竹简，写下的还是："某年某月某日，崔杼弑其君。"崔杼怒不可遏，把他也杀了。接着，出于相同的原因，被召来的第三任太史也被杀了。最后，原任太史的四弟走上了大殿，听了崔杼的要求后，他平静地说："用笔记下真实的历史事件，这是史家的天职。我与其失职，还不如去死。"说完，依然在竹简上写下了同一行字。

崔杼害怕了，不敢再杀下去了。因为他终于明白，齐国史官代代相传的不只是职位，更是一种据事直书、至死不渝的史官精神。不论他杀掉多少人，这种精神都是无法动摇的。

9.7

【原文】

子曰："知者不惑①，仁者不忧，勇者不惧。"

【注释】

①惑：迷惑。

【译文】

孔子说："聪明的人不会迷惑,仁德的人不会忧愁,勇敢的人不会畏惧。"

点师名评

在儒家传统道德中,智、仁、勇是三个重要的范畴。《礼记·中庸》说:"知、仁、勇三者,天下之达德也。"孔子希望自己的学生能具备这三德,成为真正的君子。

延伸／阅读

战国时期,秦昭襄王听说赵国得到和氏璧后,便说愿用十五座城来换和氏璧。赵王不敢得罪秦王,又不愿交出和氏璧,一时间进退两难。这时,蔺相如自告奋勇请求出使秦国,并保证如果秦国不交城池,他就把玉璧完整地带回来。

蔺相如到了秦国,秦昭襄王在章台接见了他。蔺相如送上玉璧,秦昭襄王拿着玉璧,翻来覆去地观看,爱不释手。蔺相如等了好一阵,见秦昭襄王一点儿都没提城池的意思,便上前一步对秦昭襄王说:"大王,这块玉璧有个小毛病,请让我给大王指出来。"

秦昭襄王信以为真,让人把玉璧递给了他。蔺相如拿到玉璧,猛退几步,靠在一根柱子前,愤怒地说:"赵王让臣将玉璧送到秦国,向秦国表达诚意。现在,臣看大王并无意送赵王城池,所以将玉璧取回。如果大王今日要逼臣,臣就让脑袋和玉璧一起撞碎在柱子上!"

说着,蔺相如就举起玉璧,瞅着柱子,一副马上要撞过去的样子。秦昭襄王怕他真的会毁了玉璧,连忙向他道歉,又叫人拿来地图,随手

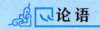

在地图上划出十五座城池，说这些都要划给赵国。

蔺相如看到秦昭襄王只是在地图上随意比画了一下，知道他没有诚意，便提出要秦王斋戒，然后才肯交出玉璧。此间，蔺相如派人从小路偷偷把玉璧送回了赵国。秦王听说玉璧已返回赵国，十分生气，但觉得杀了蔺相如只会破坏两国的关系，便把他放了回去。

蔺相如因出使秦国有功，被赵王封为上卿。

学海/拾贝

☆ 毋意，毋必，毋固，毋我。

☆ 仰之弥高，钻之弥坚。

☆ 逝者如斯夫！不舍昼夜。

☆ 三军可夺帅也，匹夫不可夺志也。

☆ 知者不惑，仁者不忧，勇者不惧。

乡党篇第十

名师导读

　　本篇主要是对孔子社会生活的记载，其中包括孔子斋戒时的表现、对待国君的表现，以及坐车时的表现等。孔子斋戒时"齐，必有明衣，布。齐必变食，居必迁坐"，体现出孔子严格要求自己、做事认真谨慎、待人谦虚有礼的态度。这些记载为人们从更多方面了解孔子提供了资料。本篇原为一章，本书选取其中的两节。

10.1

【原文】

　　齐①，必有明衣②，布。

　　齐必变食③，居必迁坐④。

【注释】

　　①齐：同"斋"。

　　②明衣：浴衣。

　　③变食：改变平常的饮食。指不饮酒，不吃葱蒜等有刺激性气味的东西。

④迁坐：指从内室迁到外室居住，不与妻妾同房。

【译文】

斋戒的时候，一定要穿布做的浴衣。

斋戒的时候，一定要改变平常的饮食，一定要搬移居室（不与妻妾同房）。

这一节说明了在斋戒时的一些行为规范。因为只有遵守了这些行为规范，才能够表明我们对斋戒活动的尊重。孔子推行周礼直接关联着他的政治主张，礼的本质体现又离不开仪式表象。而春秋时期周礼逐渐衰败，这首先表现在礼仪形式上，所以孔子才会如此重视礼制的外在表现形式。

延伸/阅读

公元前817年春，鲁武公带着长子公子括和少子公子戏去朝见周宣王。周宣王非常喜爱公子戏，便命令鲁武公废嫡长子括而立公子戏为鲁国太子。周朝大夫樊仲甫劝阻周宣王说："废长子立少子，不合于礼；不合于礼，必然触犯王命；触犯王命，必然诛灭他；所以发布命令不能不合于礼。命令不能实行，政治就没有权威；实行命令而不合于礼，人民将背弃君上。以下事上，以少事长，是合于礼的做法。现在天子为诸侯立嗣，立其少子，这是教人民犯上。"周宣王不听。鲁武公死后，公子戏即位，为鲁懿公。公元前807年，公子括的儿子伯御发动叛乱，杀死鲁懿公，自立为君。周宣王"不合于礼"的这一行为，造成鲁国内乱，破坏了礼制。可以说，这一时期礼崩乐坏，与周天子有很大的关系。

10.2

【原文】

食不厌精，脍①不厌细。

食饐②而餲③，鱼馁④而肉败⑤，不食。色恶，不食。臭恶，不食。失饪⑥，不食。不时⑦，不食。割不正⑧，不食。不得其酱，不食。

肉虽多，不使胜食气⑨。唯酒无量，不及乱⑩。

沽酒市脯不食。

不撤姜食，不多食。

【注释】

①脍（kuài）：切细的鱼、肉。

②饐（yì）：食物经久而腐臭。

③餲（ài）：食物经久而变味。

④馁（něi）：鱼腐烂，这里指鱼不新鲜。

⑤败：肉腐烂，这里指肉不新鲜。

⑥饪：烹调制作饭菜。

⑦时：应时，时鲜。

⑧割不正：肉切得不方正。

⑨气（xì）：同"饩"，即食物。

⑩不及乱：不到酒醉时。乱，指酒醉。

【译文】

粮食不嫌舂（chōng）得精，鱼和肉不嫌切得细。

粮食陈旧变味了，鱼和肉腐烂了，都不吃。食物的颜色变了，不吃。食物的气味变了，不吃。食物烹调不当，不吃。不时鲜的东西，不吃。肉切得不方正，不吃。作料放得不适当，不吃。

席上的肉虽多，但吃的量不超过米面的量。只有酒没有限制，但不能喝醉。

从集市上买来的酒和肉干不吃。

每餐必须有姜，但也不多吃。

点名师评

这一节记述了孔子的饮食习惯。孔子对"礼"的遵循，不仅表现在与国君和大夫们见面时的言谈举止和仪式上，还表现在吃的方面，不仅"食不厌精，脍不厌细"，而且对于食物的选择，有明确的规矩。现在看来，这些规矩还是有一定道理的。

延伸/阅读

曾子是孔子的弟子，有一次孔子问他："以前的圣贤之王都有着至高无上的德行，人人都能和睦相处，君臣之间也没有不满，你知道为什么吗？"

曾子听了，明白老师是要指点他君臣之间的道理，于是立刻从坐着的席子上站起来，走到席子外面，恭恭敬敬地回答道："学生不知，还请老师传授其中的道理。"

曾子"避席"就是一种非常礼貌的行为，当他明白孔子要向他传授道理时，立即站起身来，走到席子外向老师请教，是为了表示他对老师的尊重。

曾子向世人传递了尊师重道的要义，成为世人学习的楷模。

学海/拾贝

☆ 齐必变食，居必迁坐。

☆ 食不厌精，脍不厌细。

☆ 割不正，不食。

☆ 唯酒无量，不及乱。

先进篇第十一

名师导读

　　本篇原有二十六章，本书选取三章。这三章集中讲述了孔子对弟子们从政的主张。在政治教化方面，孔子赞成"莫春者，春服既成，冠者五六人，童子六七人，浴乎沂，风乎舞雩，咏而归"。这体现了孔子当时的政治理想，即高度教化下国家和平融洽的局面。

11.1

【原文】

　　南容三复白圭①，孔子以其兄之子妻之。

【注释】

　　①白圭（guī）：指《诗经·大雅·抑》的诗句："白圭之玷，尚可磨也；斯言之玷，不可为也。"意思是白玉上的污点还可以磨掉，我们言论中的错误就无法挽回了。这是告诫人们要谨言慎行。

【译文】

　　南容反复诵读"白圭之玷，尚可磨也。斯言之玷，不可为也"的诗句，孔子把自己的侄女嫁给了他。

名师点评

南容经常告诫自己要慎言，孔子便把侄女嫁给了他，由此可见孔子对慎言这项行为准则的推崇和赞扬。其实不管是古代还是现代，慎言都同样重要。在话说出口之前先想一想是否合适，如果大家都能做到这一点，很多矛盾就可以避免了。

延伸/阅读

明代开国皇帝朱元璋，出身于贫寒之家，年幼的时候给人放过牛，给地主做过工，甚至还出家当过和尚。但经过自己的努力，朱元璋终于成就了一代霸业。

听说朱元璋做了皇帝，当年一起放牛的伙伴就来找朱元璋，希望能获得一官半职。这人生怕朱元璋忘了自己，就在朝廷上说道："皇上还记得吗，我们一起给人家放牛？有一天我们把偷来的豆子放在瓦罐里煮着吃，由于好久没有吃饭了，豆子还没煮熟，大家就抢着吃，罐子都被我们打破了，豆子撒了一地，皇上只顾着抓豆子吃，结果不小心把红草根卡在喉咙里，还是我想的办法，让你吞下一把青菜，才把红草根带进肚子里……"

这人还没说完，皇上就生气了，当着文武百官的面说："哪里来的疯子，来人，快把他赶出去！"

扫码看视频

11.2

【原文】

子贡问："师与商①也孰贤？"子曰："师也过，商也不及。"曰："然则师愈②与？"子曰："过犹不及。"

【注释】

①师：颛孙师，即子张。商：卜商，即子夏。
②愈：胜过、强些。

【译文】

子贡问孔子："子张和子夏二人谁更好一些呢？"孔子回答说："子张过度，子夏不足。"子贡说："那么是子张好一些吗？"孔子说："过分和不足是一样的。"

名师点评

"过犹不及"即中庸思想的具体说明。《中庸》说，过犹不及为中。"道之不行也，我知之矣；知者过之，愚者不及也。道之不明也，我知之矣；贤者过之，不肖者不及也。""执其两端，用其中于民。其斯以为舜乎！"这是说，舜于两端取其中，既非过，也非不及，以中道教化百姓，所以为大圣。这可以看作是对本章孔子所说的"过犹不及"的具体解释。既然子张做得过度、子夏做得不足，那么两人都不好，所以孔子对此二人的评价就是："过犹不及。"

延伸/阅读

　　曾子是历史上著名的孝子，他和父亲曾点都是孔子的弟子。曾点脾气暴躁，但曾子对父亲依然百依百顺。有一天，曾子和父亲一起锄豆子，他不小心锄掉了一棵豆苗。父亲大怒，举起一根大棍子就打他，曾子毫不躲避，竟然被父亲打得晕了过去。

　　孔子听说后却不赞赏曾子的行为，孔子说："父亲用小木棍打你就乖乖忍受，用大木棍打你就要逃走。孝顺是有一定的限度的，如果过分顺从使得父亲背上杀死儿子的罪名，那就反而成了不孝。"

11.3

【原文】

　　子路、曾皙①、冉有、公西华侍坐。

　　子曰："以②吾一日长乎尔，毋吾以也。居③则曰：'不吾知也！'如或知尔，则何以哉④？"

　　子路率尔⑤而对曰："千乘之国，摄⑥乎大国之间，加之以师旅，因之以饥馑，由也为之，比及⑦三年，可使有勇，且知方⑧也。"

　　夫子哂⑨之。

　　"求！尔何如？"对曰："方六七十⑩，如⑪五六十，求也为之，比及三年，可使足民。如其礼乐，以俟君子。"

　　"赤！尔何如？"对曰："非曰能之，愿学焉。宗庙之事⑫，如会同⑬，端章甫⑭，愿为小相⑮焉。"

　　"点！尔何如？"鼓瑟希⑯，铿尔，舍瑟而作⑰，对曰："异乎三子者之撰。"子曰："何伤乎？亦各言其志也。"曰："莫⑱春者，春服既成，冠者⑲五六人，童子六七人，浴乎沂⑳，风乎舞雩㉑，咏而归。"夫子喟然叹曰："吾与点也！"

三子者出，曾皙后。曾皙曰："夫三子者之言何如？"子曰："亦各言其志也已矣。"曰："夫子何哂由也？"曰："为国以礼，其言不让，是故哂之。""唯㉒求则非邦也与？""安见方六七十如五六十而非邦也者？""唯赤则非邦也与？""宗庙会同，非诸侯而何？赤也为之小，孰能为之大？"

【注释】

① 曾皙：名点，字皙，曾参的父亲，也是孔子的学生。

② 以：虽然。

③ 居：平日。

④ 则何以哉：何以，即何以为用。

⑤ 率尔：急切的样子。

⑥ 摄：迫、夹。

⑦ 比及：等到。

⑧ 方：道义。

⑨ 哂（shěn）：微笑。

⑩ 方六七十：纵横各六七十里。

⑪ 如：或者。

⑫ 宗庙之事：指祭祀之事。

⑬ 会同：诸侯会见。

⑭ 端：古代礼服的名称。章甫：古代礼帽的名称。

⑮ 相：赞礼人，司仪。

⑯ 希：同"稀"，指弹瑟的速度放慢，节奏逐渐稀疏。

⑰作：站起来。

⑱莫：同"暮"。

⑲冠者：指成年人。古代男子到二十岁时行冠礼，表示已经成年。

⑳浴乎沂：在水边洗头面手足。沂，水名，发源于山东南部，流经江苏北部入海。

㉑舞雩（yú）：地名，原是祭天求雨的地方，在今山东曲阜。

㉒唯：语首词，无义。

【译文】

子路、曾皙、冉有、公西华陪孔子坐着。

孔子说："虽然我比你们的年龄稍长一些，但不要因为这样而不敢说话。你们平时总说：'没有人了解我呀！'假如有人了解你们，那你们会怎么去做呢？"

子路轻率地回答："一个拥有千辆兵车的国家，夹在大国中间，常常受到其他国家的侵犯，国内又闹饥荒，若是让我去治理，只要三年，就可以使人们变得勇敢善战，而且懂得道义。"

孔子微微一笑。

又问："冉求！你呢？"冉求答道："国土有六七十里或五六十里见方的国家，让我去治理，三年以后，可以保证百姓富足。至于这个国家的礼乐教化，就要等君子来施行了。"

孔子又问："公西赤！你怎么样？"公西赤答道："我不敢说能做到，但是愿意去学习。在宗庙祭祀活动中，或者在诸侯会盟时，我愿意穿着礼服，戴着礼帽，做一个小小的司仪。"

孔子又问："曾点！你怎么样呢？"这时曾点弹瑟的声音逐渐减弱，

接着"铿"的一声，他放下瑟站起来，回答："我的想法和他们三个都不一样。"孔子说："那有什么关系呢？也就是各人讲自己的志向而已。"曾点说："暮春三月，已经可以穿春装了，我和五六个成人，六七个少年，去沂河里洗洗澡，在舞雩台上吹吹风，然后一路唱着歌走回来。"孔子长叹一声说："我赞成曾点的想法！"

子路、冉有、公西华三个人都出去了，曾晳最后离开。他问孔子："他们三人的话怎么样？"孔子说："也就是各自谈谈自己的志向罢了。"曾晳说："夫子为什么要笑仲由呢？"孔子说："治理国家要讲礼让，可是他说话一点儿也不谦让，所以我笑他。"曾晳又问："那么冉求讲的不是国家吗？"孔子说："哪里见得六七十里或五六十里见方的地方就不是国家呢？"曾晳又问："公西赤讲的不是国家吗？"孔子说："宗庙祭祀和诸侯会盟，这不是诸侯国的事又是什么？像公西赤这样的人若是只能做一个小司仪，那谁又能做大司仪呢？"

点名师评

这一章看起来是孔子和自己的几个学生在闲聊，实际上却体现了孔子对待治理国家的态度。孔子认为，前三个人的治国方法都没有谈到根本上，而曾点则用形象的方法描绘了礼乐之治下的景象，表现了在"仁"与"礼"的教化下人的"胸次悠然，直与天地万物上下同流，各得其所之妙"的生活状态和精神境界，这就谈到了根本上。从孔子对曾点主张的赞赏可以看出他的政治理想。

延伸/阅读

公西赤（公元前509—？），字子华，也叫公西华，春秋末年鲁国人。

公西华是"七十二贤"之一，他比孔子小四十二岁。他曾言其志："宗庙之事，如会同，端章甫，愿为小相焉。"孔子曾经这样评价公西华，说："赤也，束带立于朝，可使与宾客言也，不知其仁也。"在孔子的弟子中，公西赤擅长祭祀之礼和宾客之礼，且善于交际，曾"乘肥马，衣轻裘"，到齐国活动。

学海/拾贝

☆ 子贡问："师与商也孰贤？"子曰："师也过，商也不及。"曰："然则师愈与？"子曰："过犹不及。"

☆ 如其礼乐，以俟君子。

颜渊篇第十二

名师导读

本篇原有二十四章，本书选取七章。这七章主要是关于孔子回答弟子问题的记述，所涉及的主要问题包括什么是仁、什么是君子、如何从政等。在孔子看来，对于不同的人来说，做到仁德，需要侧重的方面不同，有的是"克己复礼为仁"，有的是"己所不欲，勿施于人"，有的是"仁者，其言也讱"。

12.1

扫码看视频

【原文】

颜渊问仁。子曰："克己复礼①为仁。一日克己复礼，天下归仁②焉。为仁由己，而由人乎哉？"颜渊曰："请问其目③。"子曰："非礼勿视，非礼勿听，非礼勿言，非礼勿动。"颜渊曰："回虽不敏，请事④斯语矣。"

【注释】

①克己复礼：克己，克制自己。复礼，使自己的言行符合礼的要求。
②归仁：归，归顺。仁，即仁道。

③目：具体条目。目和纲相对。

④事：从事，照着去做。

【译文】

颜渊问怎样做才是仁。孔子说："克制自己，一切都照着礼的要求去做，这就是仁。一旦做到克制自己使一切都照着礼的要求去做，天下就都归于仁了。实行仁德完全在于自己，难道还在于别人吗？"颜渊说："请问实行仁的具体条目。"孔子说："不合于礼的不要看，不合于礼的不要听，不合于礼的不要说，不合于礼的不要做。"颜渊说："我虽然愚笨，也要照您的这些话去做。"

名师点评

"克己复礼为仁"，这是孔子关于什么是仁的主要解释。在这里，孔子以礼来规定仁，依礼而行就是仁的根本要求。所以，礼以仁为基础，以仁来维护。仁是内在的，礼是外在的，二者紧密结合。这里实际上包括两个方面的内容，一是克己，二是复礼。克己复礼就是人们通过道德修养自觉地遵守礼的规定。这是孔子思想的核心内容，贯穿于《论语》一书的始终。在古代社会，"礼"被认为是个人修养的标准。孔子讲："非礼勿视，非礼勿听，非礼勿言，非礼勿动。""礼"具有显著的表征意义，它体现出普遍的社会价值。所以古人视"礼"为立身之本。在古人看来，人有礼方能免于粗野，成为文明人。

延伸阅读

唐太宗继位时，天下经过隋末的长期动乱，百业凋零、民不聊生。唐太宗原本是一个热爱走马打猎、饮酒享乐的贵族少年，此时意识到如果自己做不到克己复礼，而是放纵自己的奢侈享受，大唐王朝就可能不堪重负，重蹈隋朝的覆辙。

于是，唐太宗一切戒奢从简，宣称"每一食，便念稼穑之艰难；每一衣，则思纺绩之辛苦"。他坚决反对大兴土木，多次有人以皇宫地势低因而较为潮湿为由，请求新建一座宫殿，都遭到唐太宗的反对。唐太宗还要求大臣的住宅、舆服、婚嫁、丧葬都要节约。同时，他还要求皇子们"俭以养性"。在唐太宗的倡导下，朝廷官员们也竞相崇尚节俭，全国上下风气一新，有力推动了"贞观之治"的出现。

12.2

【原文】

仲弓问仁。子曰："出门如见大宾，使民如承大祭。己所不欲，勿施于人。在邦①无怨，在家②无怨。"

仲弓曰："雍虽不敏，请事斯语矣。"

【注释】

①邦：诸侯统治的国家。

②家：卿大夫统治的封地。

【译文】

仲弓问孔子怎样才是仁。孔子说："出门办事要像迎接贵宾一样，役使百姓要像进行大祭一样。自己不愿意的事，不要强加于别人。在诸侯国不要心怀怨恨，在卿大夫的封地也不要心怀怨恨。"

仲弓说："我虽然愚笨，也会按照您的话去做。"

名师点评

　　在这一章中，孔子教导学生"仁"的具体内容。他认为可以分为两点：第一点是敬，即事君使民都要严肃认真；第二点是恕，即"己所不欲，勿施于人"。只要做到了这两点，就是向仁德迈进了一大步。"己所不欲，勿施于人"，作为古人宽以待人的道德规范，可以说是中国传统伦理中的"道德黄金律"，是中华文明的内在品格。习近平主席在德国科尔伯基金会的演讲中曾引用孔子这句话，阐述中国对待国际关系的态度，倡议各国秉持这样的"道德黄金律"，和平相处，共谋发展。

延伸／阅读

　　陆慧晓是南北朝时期的朝廷重臣，他学问很高，品德也很高尚。他性情平和，从来不会跟人摆官架子。

　　有一次，一个穿得土里土气的农夫前来拜见陆慧晓，自称是他的同乡。看门人前去通报，并对陆慧晓说："外面有个穿得土里土气的农夫要见您，我看还是把他打发走吧。"

　　陆慧晓说："这个农夫从乡下前来见我，路途遥远，肯定吃了不少苦，我怎么可以不见他呢？"于是，陆慧晓热情地接待了那个农夫。

　　有人对陆慧晓说："您做官太没有架子了，手下的人怎么会怕您呢？"

　　陆慧晓说："我最讨厌无礼之人，也讨厌别人对我没有礼貌，如果我对别人不礼貌，我不也成无礼之人了吗？"

12.3

扫码看视频

【原文】

司马牛问君子。子曰:"君子不忧不惧。"

曰:"不忧不惧,斯谓之君子已乎?"子曰:"内省不疚①,夫何忧何惧?"

【注释】

①疚:由于自己的错误而感到内疚、惭愧。

【译文】

司马牛问怎样做一个君子。孔子说:"君子从不忧愁,从不恐惧。"

司马牛说:"不忧愁,不恐惧,这样就可以成为君子吗?"孔子说:"内心自省没有愧疚,那还有什么可忧愁和恐惧的呢?"

据说司马牛是宋国大夫桓魋(tuí)的弟弟。桓魋在宋国"犯上作乱",遭到宋国当权者的打击,全家被迫出逃。司马牛逃到鲁国,拜孔子为师,并声称桓魋不是他的哥哥。所以这一章里,孔子回答司马牛问怎样做才是君子的问题,这是有针对性的,即不忧不惧、问心无愧。通过这件事情我们可以看出,孔子心中的君子必须具有高尚的道德,没有任何问心有愧的言行,真正做到光明磊落。

延伸／阅读

桓魋是宋国的司马，深受宋景公的喜爱。孔子周游列国路过宋国时，桓魋正执掌着宋国大权。他知道孔子名望很高，害怕孔子威胁到自己的地位，就暗暗下决心谋害孔子。他派人监视孔子的行动，得知孔子总是在一棵大树下教弟子们礼

仪，就让人把那棵大树砍掉了。孔子和弟子再次来到那里，发现树没了，知道是桓魋干的。弟子们连忙对孔子说："情况很明显了，桓魋是想谋害您，我们必须加快速度离开这里。"孔子却毫不畏惧地回答说："我的道德是上天赋予的，桓魋又能把我怎么样呢？"虽然弟子们不断催促他快走，但孔子还是不慌不忙地离开宋国，去了郑国。

后来，宋景公发现桓魋有谋逆之心，于是派人带兵攻打桓魋，桓魋逃到了卫国，他的弟弟司马牛则去了齐国，后来还成了孔子的弟子。

12.4

【原文】

司马牛忧曰："人皆有兄弟，我独亡①。"子夏曰："商②闻之矣：死生有命，富贵在天。君子敬而无失③，与人恭而有礼。四海④之内，皆兄弟也。君子何患乎无兄弟也？"

【注释】

①亡（wú）：同"无"，没有的意思。

②商：子夏，姓卜，名商，古人一般以名自称。

③失：过失。

④四海：指全国各处，古人以为中国东西南北四周都是一片汪洋大海。

【译文】

司马牛忧愁地说："别人都有兄弟，唯独我没有。"子夏说："我听说过：死生有命，富贵在天。君子严肃认真而没有过失，对人恭敬而合乎礼的规定。那么，全国各处都是兄弟。君子何必忧愁没有兄弟呢？"

司马牛不承认桓魋是他的哥哥，这与儒家一贯倡导的"悌"的观念是相悖的。但由于他的哥哥"犯上作乱"，因而孔子没有责备他。在上一章，孔子劝他不要忧愁，不要恐惧，只要内心无愧就是做到了"仁"。这里，子夏同样劝慰司马牛，说只要自己的言行符合"礼"，那就会赢得天下人的称赞，就不必发愁自己没有兄弟，"四海之内皆兄弟也"。

延伸/阅读

子夏（公元前507—？）姓卜，名商，字子夏，后亦称"卜子夏"，春秋末年晋国温人（另有魏人、卫人二说，近人钱穆考定，温为魏所灭，卫为魏之误，故生二说）。他是孔子的著名弟子，是"孔门七十二贤"之一，也是"孔门十哲"之一。

【原文】

子曰："君子成①人之美，不成人之恶。小人②反是③。"

【注释】

①成：促成，成全。

②小人：指人格卑鄙的人。

③反是：与此相反。是，这、此。

【译文】

孔子说："君子成全别人的好事，而不助长别人的恶处。小人则与此相反。"

这里所讲的"成人之美，不成人之恶"是当时流传的一个成语，《春秋穀梁传·隐公元年》就有"春秋成人之美，不成人之恶"的说法。孔子引用这一成语来强调儒家一贯的思想主张，即"己欲立而立人，己欲达而达人""己所不欲，勿施于人"的精神。

延伸/阅读

南北朝末期，北方的隋朝不断发展壮大，南方陈朝的皇帝陈后主却贪图享乐、不理朝政。陈朝的侍中徐德言知道陈朝的灭亡已经不可避免，担心自己会和妻子在战乱中分开，于是和妻子商量此事。他的妻子是陈后主的妹妹，被封为乐昌公主。两人决定把一面铜镜分成两半，夫妻各持一半，日后如果离散就在每年的正月十五日到集市上卖半面铜镜，作为夫妻相认的凭证。

不久，陈朝果然灭亡了，乐昌公主在战乱中被俘，成为隋朝重臣越国公杨素的小妾，被带回长安。几年后，徐德言也来到长安。正月十五日那天，乐昌公主让仆人到集市上卖半面铜镜，故意要非常高的价钱，徐德言听说这件怪事后立刻找到那名仆人，拿出另外半面铜镜让他带回杨府，还给乐昌公主写了一首凄惨的诗。乐昌公主看到诗，整天凄怆流泪。杨素问明情况后，决定成人之美，让乐昌公主回到了徐德言身边。

12.6

【原文】

季康子问政于孔子。孔子对曰："政者，正也。子帅以正，孰①敢不正？"

【注释】

①孰：谁。

【译文】

季康子问孔子如何治理国家。孔子回答说："政就是正的意思。您本人带头走正道，那么还有谁敢不走正道呢？"

无论为人还是为官，首在一个"正"字。孔子政治思想中，对为官者要求十分严格，正人先正己。只要身居官职的人能够正己，那么手下的大臣和平民百姓，就都会归于正道。

延伸/阅读

南宋之初，处在北方金朝的威胁之下，这时大将岳飞挺身而出，率军屡次击败南侵的金军，为南宋政权的稳定做出了杰出贡献。敌人常说："撼动山容易，撼动岳家军很难。"将领张俊曾问岳飞是怎样带兵的，岳飞说："仁义、诚信、智慧、勇敢、严格，缺一不可。"岳飞也是一个忧国忧民的将领，他经常说："东南地区的民力快用尽了啊！"每次立功后朝廷给他赏赐时，岳飞都会说："这是将士们贡献的力量，我岳飞又有什么功劳呢？"

12.7

【原文】

子贡问友。子曰："忠告而善道之，不可则止，毋自辱焉。"

【译文】

子贡问怎样对待朋友。孔子说："忠

诚地劝告他，恰当地引导他，如果不听也就罢了，不要自取其辱。"

在人伦关系中，"朋友"一伦是最松弛的一种。朋友之间，地位平等，双方交往讲求一个"信"字，这是维系双方关系的纽带。对待朋友的错误，要开诚布公地劝导他，推心置腹地讲明利害关系，但他坚持不听，也就作罢。如果别人不听，你一再劝告，就会自讨没趣。这是交友的一个基本准则。清末志士谭嗣同就认为朋友一伦最值得称赞，他甚至主张用朋友一伦改造其他四伦，因为朋友之道以独立平等的个体之间的关系为基础，最合乎现代的社会性公德。

延伸/阅读

西晋时期，有个叫顾荣的人，他出身江南望族，很早便做了官。

顾荣在洛阳的时候，有一次应朋友邀请去做客，发现上菜的仆役露出想吃烤肉的神情，就把自己的那一份让给了他。同座的人都讥笑顾荣，顾荣说："天天端着烤肉，却不知肉味如何，天下哪有这种道理呢！"

顾荣后遭"永嘉之乱"过江避难，每次他遇到危险时，总有一个人在身边护卫他。顾荣问他为什么这样做，原来他就是过去接受顾荣烤肉的那个仆人。

顾荣和那个仆人虽然不是朋友关系，但能够以平等的态度对待他，最后也得到了他真心的回报。

学海／拾贝

☆ 非礼勿视，非礼勿听，非礼勿言，非礼勿动。

☆ 己所不欲，勿施于人。

☆ 四海之内，皆兄弟也。

☆ 君子成人之美，不成人之恶。小人反是。

子路篇第十三

　　本篇原有三十章，本书选取四章。这四章主要讲的是如何治理国家的问题。在孔子看来，首先要注重统治者自身的修养，也就是"其身正，不令而行"。其次，治理国家是不可以急于求成的，先富民，后教化人民，即"无欲速，无见小利。欲速则不达，见小利则大事不成"。

扫码看视频

【原文】

　　子曰："其身正①，不令②而行；其身不正，虽令不从。"

【注释】

　　①正：正派，正直。
　　②令：命令。

【译文】

　　孔子说："他自身正了，即使不发布命令百姓也会去干；他自身不正，即使发布命令百姓也不会服从。"

名师点评

　　这一章主要是对为政者自身修养的要求，提出统治者要做出表率，以身作则。孔子认为，统治者的个人修养非常重要，领导人本身端正就是一个良好政治的开端，即使没有严厉的法令，社会风气也会是良好的。

延伸/阅读

　　曹操作为东汉末年割据群雄中实力最强的一个，非常注重军纪，曾给军队定下规矩：践踏禾苗者处死。一年夏天，曹操率领大军出征，路过一片麦田时，他的马受了惊吓，驮着他跑进麦田，踩倒了一大片成熟的麦子。

　　曹操立刻叫来掌管刑罚的主簿（bù），让他治自己的罪。主簿说：《春秋》上说，法不加于尊者。我不能治您的罪。"曹操说："尽管如此，我也不能就这样饶恕自己，否则怎能要求士兵遵守呢？"于是，他拔剑割了自己的头发，以代替斩首之刑。古人非常重视头发，有一种刑罚就是剪掉犯人的头发以示羞辱。曹操能主动接受这种刑罚，体现出对军纪的重视。士兵们因此都严格约束自己，不敢触犯军纪。

13.2

【原文】

　　子夏为莒父①宰，问政。子曰："无欲速，无见小利。欲速则不达，见小利则大事不成。"

【注释】

①莒（jǔ）父：鲁国的一个城邑，在今山东莒县境内。

【译文】

子夏做了莒父的总管，向孔子询问政事。孔子说："不要求快，不要贪求小利。求快反而达不到目的，贪求小利就做不成大事。"

点名师评

这一章中，孔子教育为政的弟子如何做好政务，其中着重提出了"无见小利""欲速则不达"的思想。这是一种辩证思想，指出对立的事物可以互相转化。孔子这样教育自己的弟子，其实是要提醒他放宽自己的眼光，要有长远目标，不要因小失大。这不仅是重要的政治智慧，也是重要的生活智慧，可以作为我们行动的一个重要指南。

延伸/阅读

战国时期，赵国的平原君赵胜十分贤能，有功于赵国。但他也曾为眼前的小利蒙住眼睛，致使赵国蒙受了重大损失。

公元前262年，秦国派大将白起率军攻打韩国，占领了韩国的野王（在今河南沁阳）。野王是韩国的上党同内地之间的重要通道。野王被占，上党受到孤立。上党的郡守冯亭认为，将上党献给赵国，赵、韩两国联合就能抵挡住秦国了。于是他派人带着上党的地图去见赵孝成王。赵国平阳君赵豹认为不该接收这块地方，但平原君赵胜却认为应该接收。最后赵孝成王派平原君去接收上党，并封冯亭为"华阳君"。秦国对此十分愤怒，便派白起率军攻打赵国。赵国的四十万大军被围困，最后全部投降。

13.3

【原文】

子曰："君子和①而不同②，小人同而不和。"

【注释】

①和：和谐、协调。

②同：同一、盲目附从。

【译文】

孔子说："君子讲求和谐而不同流合污，小人只求完全一致，而不讲求协调。"

点名师评

"和而不同"是孔子思想体系中的重要组成部分。"君子和而不同，小人同而不和。"君子可以与他周围的人保持和谐融洽的关系，但他对待任何事情都必须经过自己大脑的独立思考，从来不愿人云亦云，盲目附和；小人则没有自己独立的见解，只求与别人保持一致，但他实际上却不能与别人保持融洽友好的关系。这是在处事为人方面。其实，在所有的问题上，往往都能体现出"和而不同"和"同而不和"的区别。"和而不同"则显示出孔子思想的深刻哲理和高度智慧。

延伸/阅读

春秋时，梁丘据是齐景公的宠臣，非常善于揣摩君主的心思。有一次，齐景公出去打猎，晏子陪着他，梁丘据则骑着马风尘仆仆地赶到齐景公身边。齐景公对晏子说："只有梁丘据与我相和啊！"晏子说："梁丘据不过是在和您保持一致，是'同'罢了，哪里谈得上相和呢！"齐景公不解地问："保持一致和相和有什么区别吗？"

晏子说："差别很大。相和好比做羹汤，味道太淡就得加盐，味道太浓就得加水。君臣关系也必须这样做。国君认为可以的事，臣子发现其中不可行的因素，必须指出来；国君认为不可以的事，臣子发现其中的可行因素也必须指出来。但梁丘据却不是这样，国君认为可以，他就说可以；国君认为不可以，他就说不可以。这就像是用清水去调和清水，谁还肯喝呢？所以，您和梁丘据只能算保持一致，却不算相和。"

13.4

【原文】

子曰："君子泰①而不骄，小人骄而不泰。"

【注释】

①泰：安详舒泰。

【译文】

孔子说："君子安静坦然而不傲慢无礼，小人傲慢无礼而不安静坦然。"

这一章说君子与小人的神态不同。现象是本质的表现，二者之间有一定的规律可循。因此，从现象入手，往往能对事物做出准确的判断。君子品德修养高，私心少，气度宽宏，因而安详舒泰，心平气和。小人品德修养差，私心重，患得患失，色厉内荏（rěn），不能安详舒泰。也正如孔子所说："君子坦荡荡，小人长戚戚。""泰而不骄"的基本精神是平等待人，主要是戒骄，这是君子人格的重要表征。谦逊自重应为君子作风的基本表现。孔子"泰而不骄"的主张，在培养中国人谦逊有礼、谦和待人、不卑不亢、恭谨从事的性格作风上，起到了积极的作用。

延伸/阅读

一天，晏子的车夫回到家，妻子要离他而去。车夫很迷惑，不知道是什么原因。妻子说："晏子虽然身为齐国宰相，但是看他坐在车上态度很谦逊，而你却趾高气扬，你有什么了不起的？你比晏子还要傲慢。"后来车夫就改了这个毛病。晏子看到他的变化，非常满意，推荐他做了大夫。

学海/拾贝

☆ 其身正，不令而行；其身不正，虽令不从。

☆ 无欲速，无见小利。欲速则不达，见小利则大事不成。

☆ 君子和而不同，小人同而不和。

☆ 君子泰而不骄，小人骄而不泰。

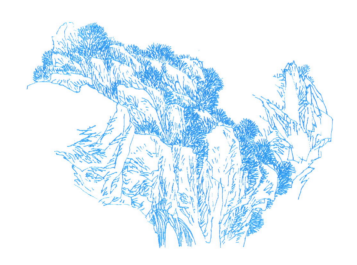

宪问篇第十四

名师导读

　　本篇原有四十四章，本书选取五章。这五章主要提出了作为君子应该具备的一些美德，如君子看待德与言的关系、仁德与个人修养的关系等。其中"仁者必有勇，勇者不必有仁""君子而不仁者有矣夫，未有小人而仁者也"等观点对后世影响较深。

14.1

扫码看视频

【原文】

　　子曰："有德者必有言，有言者不必有^①德。仁者必有勇，勇者不必有仁。"

【注释】

　　①不必有：不一定有，未必有。

【译文】

　　孔子说："有道德的人一定有出色的言论，有出色言论的人不一定有道德。仁人一定勇敢，勇敢的人不一定有仁德之心。"

在这一章中孔子提出了他对于言论与道德、勇敢与仁之间关系的看法。他认为虽然二者之间有一定的联系，却不能等同。言论可以是道德的一种表现，勇敢可以是仁的一种表现，但也可以不是。只有道德和仁才是内在的根本的，对外在的言论是否出色、外在的行为是否勇敢有决定作用。由此可见，在看待人的时候，一定要更重视对其内在品行的考察，若只看其外在言行，往往就会妄下定论。

延伸/阅读

后唐开国皇帝李存勖（xù）英勇善战，称帝后认为江山是自己凭一双手打下来的，十分轻视将士们的作用，不仅没有论功封赏，甚至连在战场上对将士们许诺的封赏都不兑现。而且李存勖当了皇帝后贪财也是出了名的，他把国库分为外库和内库，外库存放赋税，用来养兵及官吏，内库存放官员送的礼品，属于他自己家的财产。这样致使各地官员纷纷掠夺民间财富，以呈送贡品的方式对皇帝进行贿赂，但赋税收入却很少，竟不够军队开支。在

这样的情况下，李存勖竟也舍不得从自己的内库中拿出钱来补给军队，军人有被饿死的现象，他自己却只管廷宴狩猎。就连政变后，他和刘皇

后仓皇逃跑时，也不忘将一袋子金银财宝系在马背上。可见这位皇帝贪财到了何种程度，他因此也仅仅只当了三年的皇帝。一国之主，不以大局为重，打仗时用将士，而胜利后居功忘本，贪图一己之利，忘记了江山社稷，足见无德至极。

14.2

【原文】

南宫适①问于孔子曰："羿②善射，奡③荡舟④，俱不得其死然。禹、稷⑤躬稼而有天下。"夫子不答。南宫适出，子曰："君子哉若人！尚德哉若人！"

【注释】

①南宫适：适，同"括"，即孔子学生南容。

②羿：传说中夏代有穷国的国君，善于射箭，曾夺夏太康的王位，后被其臣寒浞（zhuó）所杀。

③奡（ào）：传说中寒浞的儿子，后来为夏少康所杀。

④荡舟：用手推船。传说中奡力大，善于水战。

⑤禹、稷（jì）：禹，夏朝的开国之君，善于治水，注重发展农业。稷，传说是周朝的祖先，又为谷神，教民种植庄稼。

【译文】

南宫适问孔子说："羿善于射箭，奡善于水战，最后都不得好死。禹和稷都亲自种植庄稼，却得到了天下。"孔子没有回答。南宫适出去后，孔子说："这个人真是个君子呀！这个人真尊重道德。"

孔子是道德主义者，他鄙视武力和权术，崇尚朴素和道德。南宫适认为禹、稷以德而有天下，羿、奡以力而不得其终。孔子就说他很有道德，是个君子。后代儒家发展了这一思想，提出"恃德者昌，恃力者亡"的主张，要求统治者以德治天下，而不要以武力得天下，否则，最终是没有好下场的。

延伸/阅读

　　有一天，子路身着戎装，全副武装地来拜见孔子，见到夫子后，拔起剑就舞了起来，问："夫子，古时的君子，也是用剑来自卫的吧？"孔子答道："古时的君子，以忠义为人生追求的目标，用仁爱作为自己的护卫，虽然不出窄小的屋子，却知道千里之外的大事。有不善的人，就用忠信来感化他；有暴乱侵扰的人，则用仁义来使他们安定。这样，又何须持剑使用武力呢？"子路听了非常敬佩，感慨道："啊！我今天才听到这样的话，我愿从今以后，至诚恭敬地向您求教啊！"

　　这个故事是子路刚进入孔门不久发生的。老师在子路求学之始就种下了"仁"的种子，可谓慎于始，好的开始是成功的一半。

　　治乱，不能仅靠一个人的力量。孔子要把自己的学说传播给学生，使之遍布四方，承传不绝，希望因此达到德行天下的效果。

14.3

【原文】

子曰："君子而不仁者①有矣夫，未有小人而仁者也。"

【注释】

①仁者：有仁德的人。

【译文】

孔子说："君子中没有仁德的人是有的，而小人中有仁德的人是没有的。"

  有没有仁德是君子与小人的分水岭。君子偶尔有不仁之处，这是君子的过失，但他毕竟还是君子。至于品德卑下的小人，孔子认为不可能成为"仁者"，因为小人根本没有仁德之心。虽也有诡诈的小人装出"仁者"的样子来骗人，但也只是假象而已。

延伸/阅读

  战国末年，楚国有一位贵族，名叫屈原。他曾担任左徒和三闾大夫等职，尽职尽责地处理国家政务。屈原发现，楚国的政治有许多需要改进的地方，想进行改革，却遭到楚王和奸佞小人的排挤，屡次遭到流放。

在流放地，他依然担心国家的命运，写下了大量忧国忧民的诗歌。在得知楚国国都被秦军攻破之后，他在绝望中跳入汨（mì）罗江而死。屈原是伟大的爱国诗人，"楚辞"的创立者和代表作家。今天的端午节，就是从楚国人纪念他的节日发展而来的。

14.4

【原文】

子曰："爱之①，能勿劳乎？忠焉②，能勿诲③乎？"

【注释】

①之：他，泛指"一个人"或"某个人"。

②忠焉：忠于他。焉，他，做代词用。

③诲：开导，劝告。

【译文】

孔子说："爱他，能不让他劳苦吗？忠于他，能不对他进行劝告吗？"

孔子对广泛意义上的"爱"和"忠"进行了解读，指出了其真正的含义。他认为爱的目的是希望所爱之人茁壮成长，生命辉煌，但如果不给他艰苦的磨炼，这种希望就只能是幻想。忠的目的是帮助所忠之人巩固政权、稳定形势、解决困难，如果不向他诚心诚意地提出批评，那种忠就变成阿谀逢迎、谋取私利。

延伸/阅读

战国四公子之一的孟尝君，有一位门人叫冯谖，他曾替孟尝君到封邑收债，看到佃（diàn）农们还不起钱，就自作主张地把那些债券烧掉了。回来之后，他对孟尝君说这是在为他收买民心。孟尝君很生气，不理解他为什么这么做。不久，

孟尝君因为一件小事得罪了齐王，齐王就把他贬回封邑。回到封邑后，他受到了当地百姓的热烈欢迎。后来，冯谖又帮助孟尝君重新获得了齐王的信任。

14.5

【原文】

或曰："以德①报②怨，何如？"子曰："何以报德？以直③报怨，以德报德。"

【注释】

①德：此指恩德。

②报：回报，报答。

③直：正直。

【译文】

有人说："用恩德来报答怨恨，怎么样？"孔子说："用什么来报答恩德呢？应该用正直来报答怨恨，用恩德来报答恩德。"

点名师评

"以德报怨"是老子提出的。孔子对此有不同看法，他认为应"以直报怨"。也就是说，不因有旧恶旧怨而改变自己公平正直的品格，即坚持正直。相比于"以德报怨"经常容易遭到的损失和伤害，"以直报怨"更加具有合理性。

延伸/阅读

春秋时期的齐桓公是一位睿智的伟人。他曾经挨过管仲一箭，差点儿因此丢掉性命。按常理说，齐桓公应该十分恨管仲，但令人想不到的是，齐桓公登上国君之位后，并没有杀了管仲，而是听从师傅鲍叔牙的劝说，不仅原谅了管仲的过错，还对他委以重任，这令管仲十分感动。从此，管仲鞠躬尽瘁地辅佐齐桓公，最终使齐桓公成为春秋时期的霸主之首，成就了彪炳千古的历史伟业。

学海/拾贝

☆ 有德者必有言，有言者不必有德。仁者必有勇，勇者不必有仁。

☆ 爱之，能勿劳乎？忠焉，能勿诲乎？

☆ 以直报怨，以德报德。

卫灵公篇第十五

名师导读

本篇原有四十二章，本书选取九章。这九章主要讲述了治国方法、个人修养以及教育理念。在治国方法上，主要提倡"无为而治"，反对讨伐他国和用武；在个人修养方面，主要讲的是如何看待错误和忧患的问题，也就是人们常说的"人无远虑，必有近忧""过而不改，是谓过矣"；在教育上，主要提倡"有教无类"的思想。

15.1

【原文】

卫灵公问陈①于孔子。孔子对曰："俎豆②之事，则尝闻之矣；军旅之事，未之学也。"明日遂行。

【注释】

①陈：同"阵"，军队作战时，布列的阵势。

②俎（zǔ）豆：古代盛食物的器皿，被用作祭祀时盛放食物的礼器。

【译文】

卫灵公向孔子询问军队列阵的方法。孔子回答说："祭祀礼仪方面的事情，我还听说过；用兵打仗的事，从来没有学过。"第二天，孔子便离开了卫国。

名师点评

卫灵公向孔子询问有关军事方面的问题，孔子回答说他没有学过，他只学过礼仪方面的知识，并且第二天就离开了卫国，可见他对卫灵公提出这一问题非常反感。孔子曾经说过："以不教民战，是谓弃之。"意思是不对人民进行军事训练，就是在抛弃他们，可见他并不一味反对军事活动。孔子反对的是用战争方式解决国与国之间的争端，尤其是侵略战争，他主张以礼治国，礼让为国。他之所以用上面这段话回答卫灵公，当是因为卫灵公当时研究军事与不义之战有关系吧。

延伸/阅读

卫灵公是春秋时期卫国第二十八代国君，他是历史上的昏君之一，性格多疑且脾气暴躁，史学家对他的评价很不好。但卫灵公也有好的一面：他的眼光很独到，知人善任。也正是他提拔重用了仲叔圉、祝鮀（tuó）、王孙贾三人，才使得卫国相对安定。

15.2

扫码看视频

【原文】

在陈绝粮，从者病，莫能兴。子路愠①见曰："君子亦有穷乎？"子曰："君子固穷②，小人穷斯滥矣。"

【注释】

①愠（yùn）：怒，怨恨。
②固穷：固守穷困，安守穷困。

【译文】

孔子一行在陈国断了粮食，随从的人都病倒了，不能起来。子路很不高兴地来见孔子，说道："君子也有穷得毫无办法的时候吗？"孔子说："君子虽然穷困，但还是坚持着；小人一遇到穷困就无所不为了。"

名师点评

在这一章里，孔子说到面对穷困潦倒的局面，君子与小人就有了显而易见的不同。一个人可不可以处变不惊、居穷不滥，这是君子与小人的分界线。小人在遇到困难时，首先发牢骚，讲怪话，破坏大家共渡难关的合作气氛。所以在子路因粮绝而发牢骚时，孔子对他进行了一番教育。

延伸／阅读

在春秋时期，有一年齐国发生了灾荒，有个叫黔（qián）敖的大财主在家门前支起大锅煮粥，用来救济灾民。这时，一个人用袖子挡着脸来到粥锅前。黔敖对那个人说："嗟，来吃粥吧！""嗟"在当时是一种不尊敬人的招呼方式，相当于今天的"喂"。那个饥饿的人气愤地说："我就是因为不吃'嗟'来的食物，才落得这样的地步。"他最终仍然不肯吃粥，就这样饿死了。

15.3

【原文】

子曰："人无远虑^①，必有近忧。"

【注释】

①虑：思虑，谋划。

【译文】

孔子说："人没有长远的考虑，就一定会有眼前的忧患。"

孔子在这一章中讲的是做人要有长远意识，做事要懂得深谋远虑。这是极有价值的人生格言。如果有忧愁出现，那主要是因为以前做事没有深思熟虑；今天的作为如果未经深思熟虑，将来就一定会承受苦果。所以，我们一定要居安思危，做好长远打算。

延伸/阅读

晋献公要出兵攻打虢（guó）国，首先必须经过虞国。他担心虞国不肯答应借路，晋国大臣荀息建议献公将晋国所产的宝玉和良马奉送给虞国的国君，然后再向他借路。

虞国的国君见到这两件稀世宝物后，有些动心，打算给晋国借路。这时，虞国大夫宫之奇出面劝阻说："国君可不能这样做呀！虢国是我们的邻邦，他们与我国恰似一种唇齿相依的亲密关系，如果嘴唇没有了，牙齿是会挨冻的呀！长期以来，我们两国在危难之际互相救助，这并不是什么互施恩德，而完全是战略上的互相需要啊。而今，您同意给晋国借路，让其攻打虢国。如果晋国在今天消灭了虢国，我们虞国在明天就会被晋国吃掉，这该是多么危险的事啊。"

可是，虞国国君一心贪恋晋国的宝玉和良马，听不进宫之奇的劝阻，给晋国军队让出了一条攻打虢国的必经之路。

晋国凭借自己的国力强盛、兵强马壮，很快就消灭了弱小的虢国。在班师回朝之际，又顺便剿灭了毫无准备的虞国。

15.4

【原文】

子贡问曰："有一言①而可以终身行②之者乎？"子曰："其恕乎！己所不欲③，勿施④于人。"

【注释】

①言：字。

②行：奉行。

③欲：想要，愿意。

④施：强加。

【译文】

子贡问道："有没有一个字可以让人终身奉行呢？"孔子回答说："那就是恕吧！自己不愿意的，不要强加给别人。"

点师名评

"忠恕之道"可以说是孔子的发明。这个发明对后人的影响很大。孔子把"忠恕之道"看成是处理人际关系的一条准则，这也是儒家伦理的一个特色。它可以消除别人对自己的怨恨，缓和人际关系，安定社会秩序。

延伸/阅读

古时候，仆人的地位是非常低下的。但是，清代的名士郑板桥却对家里的仆人非常亲切，尤其是对待仆人的子女，总是与自己的孩子一视同仁。他曾经给自己的弟弟写信说："在给孩子分零食时，必须平均分给我们的孩子和仆人的孩子。否则，我们的孩子因为吃零食欢呼雀跃，仆人的孩子却只能远远地看着，没法尝上一点儿。他们的父母虽然同情孩子，却不得不把他们叫到一边，岂不是像割心剜肉一样伤心吗？我们都是当父母的，肯定能体会那种心情。"在封建社会，像郑板桥这样能够不顾等级制度推己及人的人，是非常少见的，值得我们敬佩。

15.5

【原文】

子曰："巧言乱德①。小不忍，则乱大谋②。"

【注释】

①乱德：败坏道德。

②大谋：全局性的谋略。

【译文】

孔子说："花言巧语会败坏人的德行。小的事情不忍耐，就会败坏大的事情。"

"小不忍，则乱大谋"，这句话在民间极为流行，甚至成为一些人用以告诫自己的座右铭。的确，这句话包含着智慧的因素，尤其对于那些有志于修养大丈夫人格的人来说，此话是至关重要的。有志向、有理想的人，不会计较个人得失，更不会在小事上纠缠不清，而应有开阔的胸襟和远大的抱负，只有如此，才能成就大事，从而实现自己的目标。

延伸／阅读

隋朝末年，隋炀（yáng）帝大兴土木、四处征战、横征暴敛，百姓

们被频繁的劳役折腾得活不下去了，纷纷揭竿而起。一些朝廷官员也趁机反抗隋朝的统治，隋炀帝开始不断猜忌手下的大臣。

唐国公李渊是隋炀帝的表哥，被任命为太原留守，手握重兵。隋炀帝听到传言说李渊想造反，于是就征召李渊来见自己。李渊当时生病了，无法前去，隋炀帝说："生病了，快病死了吗？"李渊得知隋炀帝的话，非常恐惧。这种带有侮辱和诅咒性质的话，并没有表现出愤怒，但李渊却从中认识到了隋炀帝对自己的深深猜忌，于是怀着戒惧之心，做事更加讲究谋略。为了消除隋炀帝的猜忌，他开始整天沉湎于声色犬马之中，还大肆收受贿赂。隋炀帝听说后，这才放松了一些警惕。李渊知道隋炀帝早晚会对自己动手，于是几年后在次子李世民的协助下举兵反隋，并最终建立唐朝。

15.6

【原文】

子曰："众恶①之，必察②焉；众好之，必察焉。"

【注释】

①恶：厌恶。
②察：考察，调查。

【译文】

孔子说："大家都厌恶的（人或事），必须考察一下；大家都喜欢的（人或事），也一定要考察一下。"

名师点评

　　这一章中孔子主要对如何看待人或事提出了意见。孔子认为，看待人或事的时候，首先不要人云亦云，要按照自己的是非标准做出独立谨慎的判断。其次，事物的好与坏不是绝对的，在不同的场合，不同的人心目中，往往有很大的差别，所以只有通过亲自考察，才能真实地了解。

延伸/阅读

　　春秋时期，齐景公派晏子去治理阿城。晏子治理了三年，传到齐景公耳朵里的全是毁谤晏子的声音。齐景公对此很生气，召回晏子把他训斥了一顿。晏子没有为自己辩护，而是请齐景公再给他三年时间，三年之后一定会让齐景公听到赞叹他的声音。齐景公就答应了他。三年之后，齐景公听到的果然都是赞叹晏子的声音。齐景公很高兴，就把晏子召回来，打算封赏他。但晏子说，前三年他所做的事应该受到奖赏，却受到了惩罚；而后三年他所做的事应该受到惩罚，但是通过贿赂国君左右近臣，得到的却是奖赏。最后，他拒绝了齐景公的封赏。

15.7

【原文】

　　子曰："过①而不改，是谓过矣。"

【注释】

①过：过错，错误。

【译文】

孔子说："有了过错而不改正，这才真叫过错了。"

　　这句话是孔子对过错的看法：一个人有错误不要紧，只要改过就可以向善。没有错误的人是不存在的，圣人之贵，并不是贵在无过，而是贵在改过。可是有些人却固执己见，不肯听从他人的意见，一味蛮干，总是犯同样的错误，不知道改正，这才是最大的过错。孔子以"过而不改，是谓过矣"的简练语言，向人们道出了这样一个真理，这是对待错误唯一正确的态度。

延伸阅读

　　西周第十位天子是周厉王，他在位时国势日益衰弱，于是就任用了一个名叫荣夷公的大臣，想方设法扩大朝廷的财源。荣夷公建议周厉王对山林川泽实行"专利"，不让老百姓进入。举国上下都对这个新政策极为不满，老百姓纷纷咒骂周厉王和荣夷公。

　　大臣召公虎劝周厉王说："百姓快要忍受不了您的新政策了，再不改正，恐怕会出乱子。"周厉王大怒，在京城派出很多耳目，一旦发现有人批评他的政策，马上抓起来。京城的百姓因此全都不敢随便说话，路上见面只用眼神交流。周厉王得意地对召公虎说："怎么样？现在没人敢说什么了吧？"召公虎忧心忡忡地说："防民之口，甚于防川，日后只怕会有更大的反抗。"周厉王不听。不久，百姓们再也无法忍受了，发动暴动，推翻了周厉王的统治。

15.8

【原文】

子曰："有教①无类②。"

【注释】

① 教：指教育对象。
② 类：区分，做动词用。

【译文】

孔子说："人人都可以接受教育，不分类别。"

孔子的教育对象、教学内容和培养目标都有自己的特性。他办教育，反映了当时文化下移的现实，学在官府的局面得到改变，除了出身贵族的子弟可以受教育外，其他各阶层也有了受教育的可能性和机会。他广招门徒，不分种族、氏族，人人都可以到他门下受教育。孔子是中国古代伟大的教育家，开创了中国古代私学的先例，他的"有教无类"等观念奠定了中国传统教育的基本思想。

延伸/阅读

　　孔子的学生就是他"有教无类"思想的生动体现。在孔子之前，读书识字原本是贵族的专利，但孔子却宣布只要给他送来十条干肉就能当他的学生，首次让平民得到受教育的机会。他的弟子中，颜回以及原宪、闵子骞（qiān）等人出身贫寒，子路曾经轻慢过孔子，颜涿聚甚至还当过强盗，但是孔子教育他们时完全不看出身。此外，他的弟子中高柴愚笨，曾参迟钝，子路鲁莽，孔子却不因此嫌弃他们，而是想方设法帮他们改正缺点。他这些超前的教育思想，得到后人的无限敬仰，他也被尊称为"至圣先师"。

15.9

【原文】

　　子曰："道①不同，不相为谋。"

【注释】

　　①道：主张，信仰。

【译文】

　　孔子说："主张不同，不互相商议。"

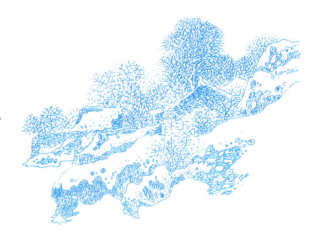

孔子觉得主张、信仰不同，由于缺乏共同目标，不可相与谋划，共图大事。可是，现在时代变了，不只是渐变，而是跃变。处当今之世，对孔子的这一言论，要有辩证的理解。世事纷纭，瞬息万变，只有广泛听取各种不同意见，才能更好地分辨得失，看清方向，取得成功。

延伸/阅读

东汉时，管宁与华歆（xīn）是好朋友。这天，两人一起在田地里锄草，结果发现了一块金子，管宁对金子视若无睹，接着干活。而华歆没有这样做，他拾起金子放在一旁。又有一次，两人在一块读书，刚好有达官显贵从门前路过，管宁依然不受干扰，认真读书，华歆却起身到门外观望。通过这两件事，管宁知道自己和华歆并非真正志同道合，便割席分坐，再也不以华歆为友。

学海/拾贝

☆ 君子固穷，小人穷斯滥矣。

☆ 人无远虑，必有近忧。

☆ 巧言乱德。小不忍，则乱大谋。

☆ 过而不改，是谓过矣。

☆ 有教无类。

☆ 道不同，不相为谋。

季氏篇第十六

名师导读

　　本篇原有十四章，本书选取六章。这六章主要讲述了孔子及其学生的社会政治活动。孔子历来是不提倡武力、战争的，所以他对弟子不去阻止战争的行为提出了严厉批评。此外，孔子还提出了身为君子应该遵循的行为守则，即"三戒"和"九思"。

16.1

扫码看视频

【原文】

　　孔子曰："益者三友，损者三友。友直，友谅①，友多闻，益矣。友便辟②，友善柔③，友便佞④，损矣。"

【注释】

①谅：诚信。

②便（pián）辟：惯于走邪道。

③善柔：善于阿谀奉承。

④便（pián）佞：惯于花言巧语。

【译文】

孔子说："有益的朋友有三种，有害的朋友有三种。同正直的人交朋友，同诚信的人交朋友，同见闻广博的人交朋友，这是有益的。同惯于走邪道的人交朋友，同善于阿谀奉承的人交朋友，同惯于花言巧语的人交朋友，这是有害的。"

孔子在这里论述了朋友的不同类型，指明了交哪些朋友是有益的，交哪些朋友是有害的。孔子的这些观点，至今仍具有借鉴意义。习近平主席在中国共产党与世界政党高层对话会上曾引"益者三友""友直，友谅，友多闻"这几句，表达中国共产党愿广交天下益友，共建更加美好的世界的愿望。

延伸/阅读

东汉南阳人朱晖人品高尚、尊师爱友，在太学读书时就受到同窗和友人的尊敬。

朱晖有个好朋友叫陈揖，陈揖不幸早逝，留下一个儿子叫陈友。可想而知，没有父亲的陈友过着何等拮据的生活。朱晖不但尽其所能地资助陈家，而且悉心培养陈友读书成材。

朱晖的好人品被南阳太守司徒桓虞闻知后，司徒桓虞便想让朱晖的儿子朱颉（jié）来自己府中任职。而朱晖却想到了陈友，他虽家境困难，但是品学兼优、德才俱佳，推荐他岂不是更合适？于是朱晖便对太守说："朱晖对大人的盛情感激不尽。只是犬子无才寡德，唯恐难当重任。而我有一个更合适的人选要举荐给大人，他就是陈友，尽管他家境贫寒，但是才识过人，请大人召见他！"

朱晖举贤不举亲的举动让太守深为钦佩，如朱晖所愿，陈友被太守委任为府中文案小吏。而陈友也不负朱晖厚望，勤勉尽责，深得太守赏识。

此后，朱晖便成了守信笃义的典范。

16.2

【原文】

孔子曰："益者三乐，损者三乐。乐节①礼乐，乐道人之善，乐多贤友，益矣。乐骄乐②，乐佚③游，乐晏乐④，损矣。"

【注释】

①节：调节。
②骄乐：骄纵不知节制的乐。
③佚：同"逸"，安逸。
④晏乐：沉溺于宴饮取乐。

【译文】

孔子说："有益的喜好有三种，有害的喜好有三种。以礼乐调节自己为喜好，以称道别人的好处为喜好，以有许多贤德之友为喜好，这是有益的。喜好骄傲，喜好闲游，喜好大吃大喝，这就是有害的。"

名师点评

当今社会，一些腐朽落后的糟粕被许多人奉为时尚，骄奢淫逸就是其中之一。骄奢淫逸通俗的解释就是骄傲奢侈，荒淫无度。以中华民族的道德准则来衡量，它是一种极不道德的社会风气与个人行为，但现在许多人对此不以为耻，反以为荣。古人云："饱暖思淫欲，饥寒起盗心。"一个国家、民族要想蓬勃发展，必须要勤奋节俭，吃苦耐劳，自强不息；一个人要想活得有价值、有意义，就不能玩物丧志、意志消沉。

延伸/阅读

宋代虽然号称"隆宋"，但作为封建专权的朝代，在开国后不久国力就开始走下坡路。宋徽宗赵佶是一位书画俱佳但却荒唐而奢侈的皇帝，虽然在艺术上称得上是多才多艺，但其

他方面则一塌糊涂，他的"瘦金体"书艺也许蒸蒸日上，但他统治的国家却江河日下。当时政府机构叠床架屋，冗（rǒng）员充斥而效率低下，宗派林立而内斗不已，又由于重文轻武，军队虽多而战斗力弱。帝昏、官多、兵冗、政弊、费奢本已是不治之症，再加上外患不绝，于是宋王朝就像根已腐朽的大树，在风雨声中最后只得被连根拔起，颓然倒地，风流天子宋徽宗及其儿子钦宗都成了北方金朝的阶下囚。

16.3

【原文】

孔子曰："君子有三戒①：少之时，血气未定，戒之在色②；及其壮也，血气方刚，戒之在斗③；及其老也，血气既衰，戒之在得④。"

【注释】

①戒：戒备。
②色：女色。
③斗：争强好胜。
④得：贪求名誉、地位、女色、财物等。

【译文】

孔子说："君子有三种情况应引以为戒：年少的时候，血气还不稳定，要戒除对女色的迷恋；等到身体成熟了，血气方刚，要戒除与人争斗；等到老年，血气衰弱了，要戒除贪得无厌。"

点师名评

在这一章中，孔子提出了君子应该引以为戒的三件事。在君子看来，女色影响未成年人的身心健康，所以要戒除；好斗是一种不好的习惯，只会给人带来不必要的麻烦，所以要戒除；年老的人容易贪慕一些身外之物，这种做法是不利于修身养性的，所以也要戒除。孔子的这种忠告，具有广泛的意义。

延伸／阅读

清朝官员陈其元的祖父年轻时读《论语》，对孔子说的"及其老也，戒之在得"不以为然。他说："人到老的时候，自然一切都看淡了，何必还要戒得呢？"

后来他出任安徽滁州知州，当时已年过六十。期间他审理一桩刑案，有人给他送了万两白银，希望能通融一下，被他坚决拒绝。陈其元以往睡觉时，总是很快就能入睡，可是那一晚他却辗转反侧。难道是眼睁睁看着白花花的银子就这样没了，心里感到痛惜？后来他狠狠地抽了自己一巴掌，骂道："陈某，你真是太不长进了！"说完，他很快就睡着了。第二天醒来，他不禁感慨："圣人讲的话果然没错啊！"

16.4

【原文】

孔子曰："生而知之者上也，学而知之者次也；困①而学之，又其次也；困而不学，民斯为下矣。"

【注释】

①困：困惑。

【译文】

孔子说："天生就知道的人是聪明人，经过学习以后才知道的是次一等的人；感到困惑后去学习的人，是又次一等的人；即使困惑仍不学习的人，这种人就是下等人了。"

名师点评

这一章孔子根据个人对学习的不同态度把人进行了比较和区分。他认为最优秀的是天资聪颖的人，这种人生下来就是博学多才的；另一种是爱好学习的，通过学习丰富自己的知识；再有就是遇到了问题，感到困惑之后才学习的人，这种人也还是值得肯定的人；最后一种就是孔子批评的人，他们即使遇到困惑也不学习。一个人如果能"生而知之"当然是再好不过，可是这种人又到哪里去找呢？孔子自己就说过："我非生而知之者，好古，敏以求之者也。"所以我们更要注重通过不断学习，丰富自己的知识。

延伸/阅读

郭泰是东汉著名学者，他不仅博学多才，而且道德高尚，被誉为"天下楷模"，无数读书人都以追随他学习为荣。

一天，一个名叫魏照的少年找到郭泰，请求在他家当一个洒水扫地的侍从。郭泰很不解，说："你是一名学子，只要听我讲书就够了，为什么要来我家中为我做这些事呢？"

魏照说："找一个传授知识的老师并不难，但找一个能传授我人生道理的老师却不容易。我觉得自己现在就像一根白色的丝线，需要接近您这样的人才能被染成红色或蓝色，而不会变成黑色。"

郭泰很感动，让他住在自己家中，将自己的学问倾囊相授，魏照也因此而成为博学多才、受人敬重的人。

16.5

【原文】

孔子曰："君子有九思：视思明，听思聪，色思温，貌思恭①，言思忠，事思敬，疑思问，忿思难②，见得③思义。"

【注释】

①恭：谦恭。

②难：祸患。

③得：获取（指获取名、利、地位等）。

【译文】

孔子说："君子有九种要思考的事：看的时候思考是否看清了，听的时候思考是否听清了，对于脸色思考是否温和，对于容貌思考是否谦恭，言谈的时候思考是否忠诚，办事的时候思考是否谨慎严肃，遇到疑问思考是否应该向别人询问，愤怒时思考是否有后患，获取财利时思考是否合乎义的准则。"

这一章孔子所谈的"君子有九思"，包含了人的言行举止各个方面。孔子要求自己和学生们对于自己的一言一行都要认真思考和自我反省。这里包括个人道德修养的各种规范，如温、良、恭、俭、让、忠、孝、仁、义、礼、智等，所有这些都是孔子关于道德修养学说的组成部分。

延伸/阅读

林则徐是清末政治家，他性格刚烈，一遇到不平的事就容易发脾气。他知道这样不好，就在厅堂上挂了一块匾，上面写着"制怒"二字，意思是一定要控制住自己，不要生气发怒。

有一次，林则徐得知有些官员私通洋人，做出有损国家利益的事，不由怒火中烧，拍案而起，摔碎了茶杯。就在这时，他猛一抬头，看见了匾额上的"制怒"二字，立刻冷静了下来。他机智地变换了方法，巧妙地逼使那些掌握实权的官员掏出银两，重修了对付洋人的炮台。

后来，林则徐奉命到广州查禁鸦片，一帮腐败官吏更是百般阻挠。起初他暴怒不已，但这样不但无济于事，反而让那帮官吏钻了空子。经过冷静地思索，林则徐决定像以前一样克制自己的情绪。他又在墙头贴上"制怒"二字，一旦要发怒就抬头看看，等到平心静气时再仔细考虑对策。

就这样，学会了控制自己情绪的林则徐，终于制服腐败的官吏，一举完成了"虎门销烟"的壮举。

16.6

【原文】

齐景公有马千驷，死之日，民无德而称焉。伯夷、叔齐饿于首阳①之下，民到于今称之。其斯之谓与？

【注释】

①首阳：山名。周武王灭商后，伯夷、叔齐在首阳山隐居，采薇而食，

最后饿死。

【译文】

齐景公有四千匹马，死了以后，百姓们觉得他没有什么德行可以称颂。伯夷、叔齐饿死在首阳山下，百姓们到现在还在称颂他们。说的就是这个意思吧？

有的人死了，轻于鸿毛；有的人死了，重于泰山。齐景公与伯夷、叔齐的不同，是追求富贵与追求道德的不同。孔子认为，财色名利等都是身外之物，生不带来，死不带去，若一辈子汲汲于此，那无异于追求镜中花、水中月，最终将一无所得。像齐景公，生前"有马千驷"，何其富有，但死后依然无人称道。而道德的追求却不同，它是一种形而上的追求，所追求的东西本身就是永恒的，若能下学而上达天德，把个体生命与文化生命合一，那便会获得生命的永恒价值，因为它不是建立在肉体之上，所以并不随肉体的消亡而消失。

延伸/阅读

文天祥是南宋末年的状元，因为性情正直得罪了执掌大权的宰相贾似道，仕途非常坎坷。1276年，元朝大军攻破了南宋都城临安，文天祥、张世杰、陆秀夫等人拥立皇室后裔建立南宋小朝廷，文天祥作为丞相率领一支军队抵抗元军。虽然他机智地转战各地，但最终还是兵败被俘。

元军押着文天祥去见元朝大将张弘范，他坚决不肯行跪拜礼。张弘范让他写信招降依然在坚决抗元的张世杰，文天祥写了《过零丁洋》一诗，诗的最后两句写道："人生自古谁无死，留取丹心照汗青。"勉励人们誓死抗元。张弘范派人将他送往大都（今北京），文天祥在路上绝食八天，没有死。元世祖忽必烈派人劝降，他坚决不肯。三年后，忽必烈亲自劝降，他依然不肯投降，于是忽必烈下令处死了他。文天祥虽然没能挽救南宋的命运，但是他宁死不屈的精神成为后人强大的精神力量，鼓舞着华夏儿女为了祖国的繁荣强大不断奋斗。

学海/拾贝

☆ 友直，友谅，友多闻，益矣。友便辟，友善柔，友便佞，损矣。

☆ 乐节礼乐，乐道人之善，乐多贤友，益矣。乐骄乐，乐佚游，乐宴乐，损矣。

☆ 生而知之者上也，学而知之者次也；困而学之，又其次也；困而不学，民斯为下矣。

☆ 视思明，听思聪，色思温，貌思恭，言思忠，事思敬，疑思问，忿思难，见得思义。

阳货篇第十七

名师导读

　　本篇原有二十六章，本书选取六章。这六章介绍了孔子的道德教育思想和他对仁的进一步解释，以及关于为父母守丧三年的问题，也谈到君子与小人的区别等。这些思想直到今天依然有着重要的借鉴意义。

17.1

【原文】

　　阳货欲见①孔子，孔子不见，归孔子豚②。孔子时其亡③也，而往拜之。遇诸涂④。

　　谓孔子曰："来！予与尔言。"曰："怀其宝而迷其邦⑤，可谓仁乎？"曰："不可。""好从事而亟⑥失时，可谓知乎？"曰："不可。""日月逝矣，岁不我与⑦。"

　　孔子曰："诺，吾将仕矣。"

【注释】

　　①见：拜见。

　　②归（kuì）孔子豚（tún）：归，通"馈"，赠送。豚，小猪。赠给孔

子一头蒸熟的小猪。

    ③时其亡：等他外出的时候。

    ④遇诸涂：涂，同"途"，道路。在路上遇到了他。

    ⑤迷其邦：听任国家迷乱。

    ⑥亟：屡次。

    ⑦与：在一起，等待的意思。

【译文】

    阳货想让孔子来拜见他，孔子不肯去拜见他，他便赠送给孔子一头蒸熟的小猪。孔子打听到阳货不在家时，去阳货家拜谢。

    不料，两人在半路上相遇了。

    阳货对孔子说："来！我有话要跟你说。"（孔子走过去。）阳货说："把自己的本领藏起来而听任国家迷乱，这可以叫作仁吗？"（孔子回答）说："不可以。"（阳货）说："喜欢参与政事而又屡次错过机会，这可以说是智吗？"（孔子回答）说："不可以。"（阳货）说："时间一天天过去了，年岁是不等人的。"

    孔子说："好吧，我将要去做官了。"

    阳货是孔子在政治上非常鄙视和反对的"乱臣贼子"，孔子不愿意与其交往，更不愿意去他手下做官。但是却屈于礼制的要求，不得不在接到阳货送来的礼物之后回拜他。孔子内心根本就不想去见阳货，所以故意选择阳货不在家的时候去拜访，这种行为展现了孔子处世中的智慧和高明之处。其既能坚持自己原则又能睿智处事的精彩形象放在今天，依然很有教育意义，令人佩服。所以仁者，一定是有大智慧的人。

延伸/阅读

阳货，名虎，字货，春秋时鲁国人。鲁国大夫季平子的家臣，季氏曾几代执掌鲁国朝政。季平子去世后，阳货将年幼的新家主季桓子囚禁，代替季桓子管理鲁国的政事。后来他与公山弗扰一起谋划除掉季桓子，失败后逃往晋国。

17.2

扫码看视频

【原文】

子曰："性①相近②也，习③相远也。"

【注释】

①性：生性，本性。

②近：类似，相近。

③习：这里主要指生活环境和受到的外界影响。

【译文】

孔子说："人的本性是相近的，由于习染不同才相互有了差别。"

点名师评

何谓"性相近""习相远"？后来的《三字经》在这两句前加上了"人之初，性本善"两句，意思就容易理解了。人一生下来，在婴儿阶段的天赋之性，即先天的本性都差不多，总是善的。"习相远也"，后来的习惯一旦加上，人的性情越变越与天赋之性相远了。就事实来看，我们每个人的天性都是善良的，而后天的习染很容易让人学坏。环境会改变人，所以在教育思想上，对"性相近""习相远"就要特别注意。

延伸/阅读

东吴有个年轻人叫周处，他从小没有父亲，缺乏管教，仗着自己的一身蛮力，到处伤人，人们像躲瘟疫一样躲着他。

一天，他看到一群人在聊天，他一来大家就都不说话了。他就问一个老头儿："你们在聊什么呢？"老头儿说："咱们这儿出了三害，长桥下的蛟龙（后人考证为鳄鱼），南山上的白额猛虎，好多人都被它们害死了……"

"另外，当地人又将周处一起算上，这样一来义兴县就有三害了。而周处还是这三害中最让人害怕的那个。"

还没等老头儿说完，周处就大笑起来，说："区区蛟龙和老虎就把你们吓坏了？我这就去好好收拾它们。"

之后，周处很久都没有回来，人们以为他被老虎或蛟龙吃了，于是都觉得义兴县终于少了一个大害，所以敲锣打鼓地庆祝起来。

可谁也没想到，周处竟然除了那两害，并且活着回来了。他回来后，听说人们庆祝他已死去，领悟到自己一直以来的恶行更甚于猛虎、蛟龙，于是他痛改前非，拜陆云为师，刻苦学习，终于成了一个为民谋利的大官。

人生下来都是善良的，就算是学坏了，只要能诚心改正，一样可以做一个有用的人。

17.3

【原文】

子曰："色厉而内荏^①，譬诸小人，其犹穿窬^②之盗也与？"

【注释】

①色厉内荏（rěn）：厉，威严；荏，软弱。外表严厉而内心软弱。
②窬（yú）：洞。

【译文】

孔子说："外表严厉而内心软弱，以小人做比喻，就像是挖墙洞的小偷吧？"

孔子将小人形象地比作盗贼，辛辣地讽刺当时社会上那些伪善的权重显要，他们表面上嚣张跋扈，实际心灵深处空虚畏缩。因为他们贪婪无比、恶贯满盈，以聚敛财利来满足私欲，所以内心常常战战兢兢、如履薄冰，表面上的故作姿态，威风八面，不过是为了掩饰他们内心深处的惶恐不安罢了。这些道貌岸然、欺世盗名之徒，没有渊博的学识和崇高的道德做支撑，与小偷毫无区别。孔子以此为例教育人们，处世为人当光明磊落，表里如一。

延伸/阅读

　　春秋时期秦国攻打晋国一连三仗获胜，秦国的军队乘胜进入了晋国的阵地，晋国形势危急。晋惠公决心亲自出征，抵抗秦军。他让人给他的战车套上郑国出产的名马，此种马高大强壮，他以为用此马出征，有利于战事。谋士庆郑劝阻他说："打这样的大仗，一定要用本国产的马，因为本国的马熟悉本国的水土和道路，听从本国人的使唤。"晋惠公听了，并不以为然。庆郑继续说道："现在你改用郑国的马，你不熟悉它的性情，这是危险的。而且此马又高又大，一旦受惊，恐难以驾驭。当它惊恐紧张时，血管膨胀，呼吸急促。外貌虽很强壮，但内部已气虚力竭了。若发生这样的事，后果不堪设想。"

　　可是，晋惠公还是一意孤行，套上郑国的马出征了。交战之时，战斗十分激烈，晋惠公的战车陷入了泥泞之中，战马受惊，狂嘶乱叫，拼命挣扎，越陷越深，进退不得。晋军因此大败，晋惠公也成了秦国的俘虏。

17.4

【原文】

　　子曰："乡原①，德之贼也。"

【注释】

　　①乡原：原，同"愿"，谨慎老实。乡里貌似忠厚，实际没有是非同流合污的人。

【译文】

　　孔子说："貌似忠厚而是非不分的伪君子，就是破坏道德的人。"

孔子所说的"乡愿",指的是那些没有是非观念,办事左右逢源,与世同流合污的人。这些人貌似忠厚,大家都喜欢,但实际上却是道德的祸害。孔子反对"乡愿",主张以仁、礼为原则,认为只有坚守这样的原则才可以使人成为真正的君子。

延伸/阅读

汉末大乱时,华歆与王朗一起乘船避难。有一个人也想要跟他们一起,华歆觉得路途艰险,有点为难。王朗却很爽快地说:"幸好船还宽敞,有什么好为难的呢?"于是就让这个人上了船。后来强盗追来了,王朗想丢下这个人,让船开得快一点。华歆说:"我一开始之所以迟疑不决,正是因为考虑到可能有这样的紧急情况。现在既然已答应了他的请求,岂可因形势危急就把他抛下不管?"于是继续带上这个人,始终不变地给以关照。此事传开以后,大家都用它来判定华歆和王朗二人的优劣。

平常的时候,"乡愿"表现出一副友爱仁义的样子;到了关键时刻,他们便原形毕露,连做人诚信的原则也不讲了。王朗就属于这样的人。

17.5

【原文】

子曰:"道①听而涂②说,德之弃③也。"

【注释】

①道：道路。

②涂：同"途"，道路。

③弃：摒弃，唾弃。

【译文】

孔子说："在路上听到传言就到处去传播，这是道德所唾弃的。"

名师点评

孔子历来重视谨言慎行的处事方式，所以对于弟子们说话也有一定的要求。他批评了不加核实就随意传播自己听到的言论的行为，因为这是一种背离道德准则的行为。这告诉我们，凡事要重视调查，以事实为依据，不可道听途说，轻信传闻。不管是读书做学问，还是道德修养，都要实事求是。

延伸阅读

魏国大臣庞葱，要陪着魏太子去赵国做人质，临行前庞葱对魏王说："如果有一个人说市场上出现了一只老虎，那么大王会相信吗？"魏王摇着头说："我不信。"庞葱又说："那如果有第二个人说市场上出现了老虎，大王会相信吗？"魏王皱着眉头说："我开始怀疑这件事了。"庞葱又说："那如果第三个人说市场上出现了老虎，大王又怎么办？"魏王毫不犹豫地说道："我信了。"庞葱就说："其实市场上并没有老虎，这是事实，但是有三个人说有老虎，大王就相信了。在临行之前，我希望大王如果听到有人议论我，可以考察识别这些人说的话。"魏王说："我答应你。"于是庞葱告辞，没过多久就有谣言传到了魏王耳朵里。等到庞葱和太子回到魏国后，庞葱果然失去了魏王的信任，没有机会再见魏王了。

17.6

【原文】

子路曰："君子尚勇乎？"子曰："君子义以为上，君子有勇而无义为乱，小人有勇而无义为盗。"

【译文】

子路说："君子崇尚勇敢吗？"孔子答道："君子以义作为最高尚的品德，君子有勇无义就会作乱，小人有勇无义就会偷盗。"

名师点评

子路好勇，所以提出君子是否崇尚勇的问题。孔子是主张有勇的，认为君子应具备智、仁、勇三种美德。孔子告诫子路，勇要以义加以指导，即勇必以义为前提，受到义的制约。君子无义会挑起战乱，小人无义会铤而走险。

延伸/阅读

东汉时，有个叫荀巨伯的人，听说一位远方的朋友生病了，千里迢迢去探望他。没想到，匈奴突然前来攻城，城里的人纷纷往外逃。那位朋友对荀巨伯说："我就快死了，你赶紧逃出城吧。"荀巨伯说："我怎么可能做这种苟且偷生的事呢？"

很快，匈奴攻进了城中，发现城里的百姓几乎跑光了，有士兵发现了荀巨伯。匈奴士兵奇怪地问他："大军压境，一城的百姓都跑光了，看你身强力壮的，为什么独自留在城中？"荀巨伯说："我的朋友生病了，我不忍心抛弃他。请你们不要伤害他，我愿意用我的命换我朋友的命。"听了他的话，匈奴士兵都非常感动，议论纷纷："我们这些没有信义的人，却攻进了一个有信义的国家。"于是，纷纷向首领求情，匈奴首领下令撤军了。就这样，荀巨伯的信义保全了一座城市。

学海/拾贝

☆ 日月逝矣，岁不我与。

☆ 性相近也，习相远也。

☆ 色厉而内荏，譬诸小人，其犹穿窬之盗也与？

☆ 道听而涂说，德之弃也。

☆ 君子有勇而无义为乱，小人有勇而无义为盗。

微子篇第十八

名师导读

　　本篇原有十一章，本书选取五章。这五章记述了孔子对古代人物的评价、孔子的政治思想主张、孔子弟子对孔子的评说、孔子关于塑造独立人格的思想等。在本篇中，我们不仅能了解到孔子的思想，也能从中看出一些古代先贤对孔子的影响。

18.1

扫码看视频

【原文】

　　微子①去之，箕子②为之奴，比干③谏而死。孔子曰："殷有三仁焉。"

【注释】

　　①微子：殷纣王的同母兄长，见纣王无道，劝他不听，遂离开纣王。

　　②箕子：殷纣王的叔父。他去劝纣王，见纣王不听，便披发装疯，被降为奴隶。

　　③比干：殷纣王的叔父，屡次强谏，因激怒纣王而被杀。

【译文】

微子离开了纣王，箕子做了他的奴隶，比干被杀死了。孔子说："这是殷朝的三位仁人啊！"

名师点评

"仁"是中国古代一种含义极广的道德范畴。本指人与人之间相亲相爱。孔子把"仁"作为最高的道德原则、道德标准和道德境界。他首次把整体的道德规范集于一体，形成了以"仁"为核心的伦理思想结构，它包括孝、弟（悌）、忠、恕、礼、知、勇、恭、宽、信、敏、惠等内容。他提出要为"仁"的实现而献身，即"杀身以成仁"的观点，对后世产生很大的影响。《论语·颜渊》："樊迟问仁。子曰：'克己复礼为仁。一日克己复礼，天下归仁焉。'""仁"就是爱人，就是与人为善，就是和谐。难怪孔子说仁者无敌。如果每个人都能做到"仁"，那么天下何愁不太平和谐？

延伸/阅读

商朝末年，纣王暴虐荒淫，横征暴敛。他大兴土木，还建造了一座高高的鹿台，朝朝笙歌，夜夜曼舞。

商纣的叔父比干看到纣王的所作所为，就耿直劝谏，并带着他去太庙祭祀祖宗，给他讲历代先王的故事：商汤创业时的艰难，盘庚用茅草盖屋，武丁和奴隶一起砍柴锄地，祖甲约束自己，喝酒从来不过三杯，唯恐过量误国……纣王表面点头称是，但并不真正改过，而且愈加荒淫暴虐。

看到商纣王淫乱不可遏止，比干说："做大臣的，如果不能冒死劝谏国君，那还算什么忠臣！"于是，比干态度强硬地劝谏商纣。商纣大怒说："你这样做是想当圣人吧？我听说圣人的心脏有七个孔穴，我看看你有没有。"说罢下令剖开比干的胸膛，取出他的心脏来观看。

比干为了国家，为了人民，献出了自己的生命，可以说是杀身成仁，其忠贞正直被世代传颂。

18.2

【原文】

齐人归①女乐，季桓子②受之，三日不朝，孔子行。

【注释】

①归：同"馈"，赠送。
②季桓子：鲁国卿大夫季孙斯。

【译文】

齐国人赠送了一些歌女，季桓子接受了，多日不上朝，孔子便离开了。

鲁定公十四年（公元前496年），孔子由大司寇代理国相职务，治理鲁国政事，当时的齐国非常担心孔子会将鲁国治理得强大起来，然后称霸，就采用遣送女乐"以乱其政"的计谋，挑选齐国能歌善舞的八十个女子以及披彩的一百二十四好马送给鲁国国君。鲁国的季桓子受到诱惑，最后收受了齐国的女乐并进献给了鲁定公。齐国达到了自己的目的，鲁定公和季桓子沉迷于声色犬马，多日不上朝问政。孔子对此很失望，便离开了鲁国。

延伸/阅读

季桓子（？—公元前492年），即季孙斯，史称季桓子，季平子（季孙意如）之子，鲁国三桓之季孙氏宗主兼鲁国执政。曾任用孔子帮助三桓打击当权的家臣。后来，孔子堕三都，表面上是防止家臣据城叛乱，实则是在摧毁三桓的根基。后来，季孙斯逼走孔子，孔子从此便开始周游列国。

18.3

【原文】

楚狂接舆①歌而过孔子曰："凤兮凤兮！何德之衰？往者不可谏，来者犹可追。已而，已而！今之从政者殆而！"孔子下，欲与之言。趋而辟之，不得与之言。

【注释】

①楚狂接舆：一说楚国的狂人接孔子之车，一说楚国狂人姓接名舆。本书采用第二种说法。

【译文】

楚国的狂人接舆唱着歌从孔子的车旁走过，他唱道："凤凰啊！凤凰啊！你的德运怎么这么衰弱呢？过去的已经无可挽回，未来的还来得及改正。算了吧，算了吧！今天的执政者都是些危殆不可救的人啊！"孔子下车，想同他谈谈。他却赶快避开，孔子没能和他交谈。

楚狂接舆在孔子面前唱歌，实际上就是有意要唱给孔子听的。但他并不直接斥责孔子，而是用歌声来劝告孔子及时回头，不要再周游列国了，不如与自己一样当个隐士。他认为当今的从政者都是些危殆不可救的人，孔子如果再这么继续周游列国求仕的话，也必定是危险的。从孔子周游列国求仕未能取得任何结果来看，也印证了接舆的话具有先见之明。

延伸/阅读

陶渊明是东晋著名诗人。为了生活，他从二十岁时就开始到处当幕僚，但内心对官场的厌倦日益加深。

四十一岁那年，陶渊明被任命为彭泽县令。八十余天后，郡里的督邮前来检查工作，小吏对陶渊明说："您需要穿好官服、扎好衣带去见督邮。"陶渊明对这个依仗郡守权势欺压地方官员的小吏早有耳闻，他叹了口气说道："我怎么能为了五斗米的俸禄，低声下气地去侍奉小人呢？"于是，他立刻封好官印，离开了彭泽县。回乡途中，他写了著名的《归去来兮辞》，在其中写道："悟已往之不谏，知来者之可追。实迷途其未远，觉今是而昨非。"此后，他再也没有当过官，成为了一名真正的隐士。

18.4

【原文】

长沮、桀溺①耦而耕②，孔子过之，使子路问津③焉。长沮曰："夫执舆④者为谁？"子路曰："为孔丘。"曰："是鲁孔丘与？"曰："是也。"曰："是知津矣。"问于桀溺。桀溺曰："子为谁？"曰："为仲由。"曰："是鲁孔丘之徒与？"对曰："然。"曰："滔滔者天下皆是也，而谁以⑤易之？且而与其从辟⑥人之士也，岂若从辟世之士哉？"耰⑦而不辍。子路行以告。夫子怃然⑧曰："鸟兽不可与同群，吾非斯人之徒与而谁与？天下有道，丘不与易也。"

【注释】

① 长沮、桀溺：两位隐士，真实姓名和身世不详。

② 耦而耕：两个人合力耕作。

③ 问津：询问渡口。津，渡口。

④ 执舆：执辔，手持马缰绳。

⑤ 以：与。

⑥ 辟：同"避"，躲避。

⑦ 耰（yōu）：用土覆盖种子。

⑧ 怃（wǔ）然：怅然失意的样子。

【译文】

长沮、桀溺在一起耕种，孔子路过，让子路去询问渡口在哪里。长沮说："那个拿着缰绳的是谁？"子路说："是孔丘。"长沮说："是鲁国的孔丘吗？"子路说："是的。"长沮说："那他早已知道渡口的位置了。"子路再去问桀溺。桀溺说："你是谁？"子路说："我是仲由。"桀溺说："你是鲁国孔丘的门徒吗？"子路说："是

的。"桀溺说:"江水滔滔,天下都这般动荡不安,你们同谁去改变它呢?而你与其跟着躲避坏人的人,为什么不跟着我们这些躲避乱世的人呢?"说完,仍旧不停地做田里的农活。子路回来后把情况报告给孔子。孔子很失望地说:"人是不能与飞禽走兽合群共处的,如果不同世上的人群打交道还与谁打交道呢?如果天下太平,我就不会与你们一道来从事改革了。"

　　这一章反映了孔子关于社会改革的主观愿望和积极的入世思想。儒家不倡导消极避世的做法,这与道家不同。儒家认为,即使不能齐家治国平天下,也要独善其身,做一个有道德修养的人。孔子就是这样一位身体力行者。所以,他感到自己有一种社会责任感,正因为社会动乱、天下无道,他才与自己的弟子们不知辛苦地四处呼吁,为社会改革而努力,这是一种可贵的忧患意识和历史责任感。

延伸/阅读

　　杜甫出生于盛唐,当时大唐王朝的繁荣富强令他毕生回味不已:"忆昔开元全盛日,小邑犹藏万家室。稻米流脂粟米白,公私仓廪俱丰实。"但是,在他四十余岁时,安史之乱爆发了,大唐王朝江河日下,国力日益衰微。杜甫的生活变得困苦不堪,但是他并没有放弃"致君尧舜上,再使风俗淳"的崇高理想,当了左拾遗等小官,不遗余力地为朝廷出谋划策。在被皇帝疏远,被迫离开朝廷,政治抱负落空以后,他仍旧胸怀社稷、悲悯苍生,创作了大量杰出的诗篇,表达其忧国忧民的情怀。最终,杜甫在一条破旧的小船上贫病交加地离开了人世。虽然杜甫没能实现理想，但他为了国家和人民奋斗终生的崇高精神得到后人永远的怀念。

18.5

【原文】

周公谓鲁公^①曰："君子不施^②其亲，不使大臣怨乎不以^③。故旧无大故，则不弃也。无求备于一人。"

【注释】

①鲁公：指周公的儿子伯禽，封于鲁。

②施：同"弛"，怠慢、疏远。

③以：用。

【译文】

周公对鲁公说："君子不疏远他的亲属，不使大臣们抱怨不得重用。故友老臣没有大的过失，就不要抛弃他们。不要对一个人求全责备。"

点名师评

这一章孔子讲述了应该如何用人。儒家的传统是很注重亲族乡党关系的培植与维护的。虽然孔子所处的时代，社会早已进化到由奴隶制向封建制过渡的时期，但孔子及其儒家学派对于维护氏族团结的留恋是显而易见的。这种思想有着明显的历史局限性，在数千年的社会发展过程中产生了深远的影响。

延伸/阅读

　　周公是周武王的弟弟，周成王的叔叔，是中国历史上著名的政治家。武王去世后，年幼的成王即位，此时的西周尚处于建国初期，政治形势很复杂。周公为了辅佐成王，留在了都城，派自己的儿子伯禽去管理鲁国。

　　周公教导伯禽说："我是文王的儿子，武王的弟弟，成王的叔父，地位尊贵，但我洗发时曾多次握起湿漉漉的头发，吃饭时曾多次吐出正在咀嚼的食物，只是为了起来接待贤士。即便是这样，我还怕失掉天下贤人。你到了鲁国后，不要因有国土而骄慢于人，一定要善待臣民，礼贤下士，不要对他们求全责备。"

　　周公对待臣子、贤士的举措，得到了天下人的称赞。

学海/拾贝

　　☆ 往者不可谏，来者犹可追。
　　☆ 鸟兽不可与同群，吾非斯人之徒与而谁与？

子张篇第十九

名师导读

本篇记载的全部都是孔子弟子的言论，主要讲了对待学习的态度和对于人格修养的要求等。在孔子的弟子们看来，身为君子就要有过人的学习能力和发扬仁德、信奉道义的精神。君子的仁德主要通过对"执德不弘，信道不笃"的人的批判体现出来，君子的学习能力主要体现为"学而优则仕"的思想。本篇原有二十五章，本书选取五章。

19.1

扫码看视频

【原文】

子张曰："执①德不弘，信道不笃②，焉能为有？焉能为亡？"

【注释】

①执：保持，持守。

②不笃：不忠诚。

【译文】

子张说："持守仁德而不能发扬光大，信仰道义而不忠实坚定，这样的人怎么能说他有？又怎么能说他没有？"

名师点评

一个人在某些方面取得了一些成就便以偏概全，以为世上真理已尽在自己掌握之中，就会眼光狭隘，这样的德行就会孤立；一个人接触了圣贤之道却不能真正领会，坚定信守，那么这样的道义也终究会被丢弃。像这样的人是做不成事业的，子张因此说他们"焉能为有，焉能为亡"，意思就是他们其实无足轻重。所以，我们应该具有宽阔的胸怀和坚定的信念。

延伸/阅读

程颢（hào）出身书香门第，是北宋有名的学者。他的门生刘立之追随他三十余年，经常跟身边的人说："我跟了老师这么久，老师从来没有发过火、动过怒，这种修养是很难得的。"程颢的学生有很多，他每天都会教导学生。听了老师的谆谆教导，学生们都说："与程老师相处，真有一种春风拂面的感觉。"从程颢的学生对他的评价中就可以看出他的儒者风范。门人朱光庭曾在汝州拜见他，回到家后，家里人问他："程先生待你如何？"他说："光庭宛如在春风中坐了一个月。"

19.2

【原文】

子夏曰："虽小道①，必有可观者焉，致远恐泥②，是以君子不为也。"

【注释】

①小道：指各种小技能。

②泥：阻滞，不通，妨碍。

【译文】

子夏说："虽然都是些小的技艺，也一定有可取的地方，但用它来达到远大目标就行不通了，所以君子不从事那些小的技艺。"

　　这一章讲的是学问和人生修养的道理。人世间的学问，分门别类，不止一种，如下棋、写字、作诗、刻图章，甚至于打牌，这些都不是什么大学问，只是小道。古人所谓雕虫小技，但也是学问，并不简单，如果深入去研究，都会有所成就。但为什么说它是小道呢？是说一个人的目标不放远大，专抓一点小成就当成大学问，就被困住了，像掉进了泥坑里，爬不出来。所以君子不取小道。

延伸/阅读

　　秦末阳城有一个叫陈胜（字涉）的人，年轻时曾经跟别人一起给富人家当长工种地。有一天，他放下农活到田埂上休息，对秦王朝肆无忌惮地征调劳役、不断加重对老百姓的压迫和剥削的社会现实愤恨不平，就决心摆脱压迫和剥削，改变目前的社会地位。他对他的同伴们说："假如将来我们中间有谁发迹了，可不能相互忘记啊。"同伴们讥笑他："受雇给人家种地，怎么能发迹呢？"陈涉长长地叹了一口气道："燕雀哪里会懂得鸿鹄的凌云壮志呢！"秦二世元年（公元前 209 年）七月，陈涉与吴广发动农民起义，建立了中国历史上第一个农民政权——张楚政权，从根本上动摇了秦朝统治，为项羽、刘邦灭秦创造了有利条件，在中国农民战争史上占有重要地位。

19.3

【原文】

子夏曰："日知其所亡①，月无忘其所能②，可谓好学也已矣。"

【注释】

①亡：没有。

②能：会。

【译文】

子夏说："每天学到一些过去所不知道的东西，每月都不能忘记已经学会的东西，这就可以叫作好学了。"

子夏说的是学习的方法，日知其所亡，是知新；无忘其所能，是温故。每天知新，日积月累，则学识越来越渊博；每月不忘温故，则巩固了已经了解的知识，这样自己的学识就不会损耗。学问只增不减，持之以恒，肯定能学有所成。

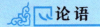

延伸/阅读

宋朝初年，宋太宗赵光义命文臣李昉等人编写一部规模宏大的分类百科全书——《太平总类》。

对于这么一部巨著，宋太宗规定自己每天至少要看三卷，一年内全部看完，于是改名为《太平御览》。

有人觉得皇上每天政务繁忙，就去劝告他少看些，以免过度劳神。

可是，宋太宗却回答说："我很喜欢读书，从书中常常能得到乐趣。多看些书，总会有益处，况且我并不觉得劳神。"

于是，他仍然坚持每天阅读三卷，有时因国事忙耽搁了，还要抽空补上，并常对左右的人说："只要打开书本，总会有好处的。"

宋太宗由于每天阅读三卷《太平御览》，学问十分渊博，处理国家大事也十分得心应手。当时的大臣们见皇帝如此勤奋读书，也纷纷努力读书，所以当时读书的风气很流行。

19.4

【原文】

子夏曰："君子有三变，望之俨然①，即之也温，听其言也厉。"

【注释】

①俨（yǎn）然：严肃庄重的样子。

【译文】

子夏说："君子有三种变化，远看他的样子严肃庄重，接近他又温和可亲，听他说话语言严厉不苟。"

点评名师

　　子夏在这里通过"君子有三变"的论述，给君子怎样把握"庄严"与"和蔼"的度树立了一个标准。这个标准就是"理性原则"，也就是说该庄严的时候就要庄严，该和蔼的时候就要和蔼。其实，万变不离其宗，一切外在都是内在的表现，重点还是内在修养。

延伸/阅读

　　明朝时有个叫张晋的秀才，他的母亲既蛮横又善妒，张家的三个儿媳妇都因为受不了张母的虐待而离开。后来张晋又娶了刘氏为妻。她来到张家后，张母竟然痛改前非，没有继续虐

待刘氏，邻居们都很奇怪，很多人都问刘氏是怎么做到的。刘氏说："其实也没什么，只要是婆婆安排的事情，我都一一遵从，无论可不可以做，会不会做，我都先不推脱，过后再找机会慢慢地向婆婆解释。说话的时候要从容平静，不能着急，往往我说完，婆婆都会认真考虑的。"

　　刘氏如此侍奉了婆婆三年，张母竟然变得和蔼慈善起来。

【原文】

　　子夏曰："仕而优①则学，学而优则仕。"

【注释】

　　①优：有余力。

【译文】

　　子夏说："做官而有余力就可以去学习，学习而有余力就可以去做官。"

　　子夏的这句话集中概括了孔子的教育方针和办学目的。若做官之余，还有精力和时间，便可去学习礼乐等治国安邦的知识；若学习之余，还有精力和时间，便可去做官从政。这里再次谈到了"学"与"仕"的关系问题。

延伸／阅读

　　吕蒙是三国时吴国名将，幼年时家境贫困，没有读过什么书，难免受到一些大官员的轻视。

　　吴王孙权曾劝吕蒙要好好读书，可是吕蒙说："军队里事情太多了，哪有什么时间读书。"

孙权说："我难道是要你精研经书去当学识渊博的学者吗？但是普通知识总得具备啊！你说事情多，比起我来如何？你为什么不能抓紧时间自学呢？"

吕蒙听了孙权这一番话，很受感动，从此认真读书，孜孜不倦。后来，鲁肃奉命去陆口镇守，路过吕蒙营寨，去拜访吕蒙。吕蒙热情地招待了他，和他谈论起天下大势，提出很多真知灼见。鲁肃原本觉得吕蒙是一介莽夫，听了吕蒙的见解后顿时改变了态度，说："我一直认为你能武不能文，现在看来，你学识如此渊博，早已经不是以前那个没有学识的粗人了！"

吕蒙笑道："士别三日，就应当刮目相待呀！"

从此，鲁肃和吕蒙成了好朋友。后来鲁肃临终，还推荐吕蒙继任为大都督。

学海/拾贝

☆ 执德不弘，信道不笃，焉能为有？焉能为亡？

☆ 虽小道，必有可观者焉。

☆ 日知其所亡，月无忘其所能，可谓好学也已矣。

☆ 仕而优则学，学而优则仕。

尧曰篇第二十

名师导读

　　本篇共三章。前两章内容相对较多，主要讲述的是古代贤德的皇帝尧、舜、禹禅让帝位和治理国家的事。在这些故事中，孔子表达了自己对天下大治时期的向往及对治国的要求和见解。第三章讲述的是孔子的安身立命言论。

20.1

【原文】

　　尧曰①："咨②！尔舜！天之历数在尔躬，允③执其中。四海困穷，天禄永终。"

　　舜亦以命禹。

　　曰："予小子履④敢用玄牡⑤，敢昭告于皇皇后帝：有罪不敢赦。帝臣不蔽，简⑥在帝心。朕⑦躬有罪，无以万方。万方有罪，罪在朕躬。"

　　周有大赉⑧，善人是富。"虽有周亲⑨，不如仁人。百姓有过，在予一人。"

　　谨权量⑩，审法度⑪，修废官，四方之政行焉。兴灭国，继绝世，举逸民，天下之民归心焉。

所重：民、食、丧、祭。

宽则得众，信则民任焉，敏则有功，公则说。

【注释】

①尧曰：尧说。

②咨：感叹词，表示赞赏。

③允：真诚，诚信。

④履：商汤的名字。

⑤玄牡：黑色的公牛。玄，黑色谓玄。牡，公牛。

⑥简：阅，这里是知道的意思。

⑦朕：我。从秦始皇起，专用作帝王自称。

⑧赉（lài）：赏赐。

⑨周亲：至亲。

⑩权量：权，秤锤，指量轻重的标准。量，斗斛，指量容积的标准。

⑪法度：指量长度的标准。

【译文】

尧说："啊！舜啊！上天决定的帝位已经落在你的身上了，忠实地坚守那些正确的道理吧！假如天下百姓都陷于困苦和贫穷之中，上天赐给你的禄位也会停止的。"

舜也这样告诫过禹。

商汤说："我斗胆用黑色的公牛来祭祀，向伟大的天帝祷告：有罪的人我不敢擅自赦免。天帝臣仆的罪恶我也不敢掩蔽，因为天帝的心里有一个自己的标准。若是我有罪，不要牵连天下万方。天下万方若有罪，就让我一个人来承担。"

周朝广封诸侯，使善人都富贵起来。周武王说："我虽然有至亲，却不如有仁德之人。百姓有过错，都怪我一个人。"

孔子说："认真检查并审定度量衡，修复废弃不全的官职，全国的政令就会通行了。复兴被灭亡的国家，接续已经断绝了的家族，提拔被遗落的人才，天下百姓就会真心归服了。

要重视的是：人民、粮食、丧礼、祭祀。

宽厚就能得到众人的拥护，诚信就能得到民众的任用，勤敏就能取得成绩，公平就会让人民高兴。"

名师点评

这一章记述了尧帝以来历代先圣贤王的遗训，其中或有文字脱漏，行文并不是很衔接。后半部分，孔子对三代以来的美德善政做了高度概括，可以说是对《论语》全书有关治国安邦平天下思想的总结，对后代产生了很大影响。宋儒杨时说："《论语》一书都是圣人重要言论的记载，在全书的末尾记下尧舜告诫、汤武誓师等文字，意在说明圣学传授，渊源有自。"这可以代表许多宋明理学家的基本看法。

延伸阅读

唐太宗爱民如子，虚心纳谏，是历史上的一代明君。

贞观二年（公元628年），唐太宗对侍从们说："我每天夜里总想着民间的事情，有时到半夜还睡不着。就是担心都督、刺史能否安抚百姓。所以在屏风上记下他们的姓名，坐着躺下都可以看看，他们在任上如果做了好事，也都记在他们的名下。我住在深宫之中，看不到远处，也听不到远处的声音，所依靠的就是都督、刺史。这些地方长官实在是关系到国家的治乱，特别需要选择得力的人。"

贞观八年（公元634年），唐太宗对侍从们说："每当我无事静坐时，就自我反省。常常害怕对上不能使上天称心如意，对下被百姓怨恨。只想得到正直忠诚的人匡救劝谏，好让我的视听能和外界相通，使下面没有积怨。此外，近来见到来奏事的人，常显得心怀恐惧，连讲话也变得语无伦次。平时奏事，情况尚且如此，何况要当面谏诤，必然害怕触犯逆鳞。所以每当有人谏诤时，纵然不合我的心意，我也不见怪。假如立刻发怒斥责，恐怕人人心怀恐惧，岂敢再说话！"

20.2

扫码看视频

【原文】

子张问于孔子曰："何如斯可以从政矣？"

子曰："尊五美①，屏②四恶③，斯可以从政矣。"

子张曰："何谓五美？"

子曰："君子惠而不费，劳而不怨，欲而不贪，泰而不骄，威而不猛。"

子张曰："何谓惠而不费？"

子曰："因民之所利而利之，斯不亦惠而不费乎？择可劳而劳之，又谁怨？欲仁而得仁，又焉贪？君子无众寡，无小大，无敢慢，斯不亦泰而不骄乎？君子正其衣冠，尊其瞻视④，俨然人望而畏之，斯不亦威而不猛乎？"

子张曰："何谓四恶？"

子曰："不教而杀谓之虐；不戒视成谓之暴；慢令致期谓之贼；犹之⑤与人也，出纳之吝谓之有司。"

【注释】

①美：美德。

②屏：除去。

③恶：很坏的行为。

④瞻视：指外观，仪容。

⑤犹之：均之，同样。

【译文】

子张问孔子："怎样才可以治理政事呢？"

孔子说："尊崇五种美德，摒弃四种恶政，就可以治理政事了。"

子张问："五种美德指的是什么呢？"

孔子说："君子要施惠于百姓而自己却无丝毫花费，让百姓劳作而百姓不怨恨，追求仁德而不贪图财利，庄重而不傲慢自大，威严而不凶猛。"

子张说："怎样才是施惠于百姓而自己却无丝毫花费呢？"

孔子说："让百姓去做对他们有利的事，这不就是施惠于民而自己丝毫无花费吗？选择可以让百姓劳作的时间去劳作，谁又会怨恨呢？自己想要追求仁德便得到了仁，还会贪念什么呢？无论人有多少，无论势力大小，君子都不怠慢他们，这不就是庄重而不傲慢吗？君子衣冠整齐，仪容尊严，目光端正，使人望而生畏，这不就是威严而不凶猛吗？"

子张问："什么叫四种恶政呢？"

孔子说："还没有进行教育便加以杀戮叫作虐；还没有劝告便要求成功叫作暴；不按规律下命令却规定期限叫作贼；同样是给人财物，出手却不大方叫作小气。"

名师点评

本章讲述的是子张向孔子请教为官从政的要领。孔子讲了"五美四恶"，此为他政治主张的基本点，包含着丰富的"民本"思想，比如"因民之所利而利之""择可劳而劳之"，反对"不教而杀""不戒视成"的暴虐之政。由此可以看出，孔子对德治、礼治社会有自己独到的见解。时至今日，这些见解仍不失其重要的借鉴价值。

延伸/阅读

汉光武帝刘秀有着仁善的秉性，性格忠贞温和，遵循外修风度内修精神的要则，兼有儒家的美德和才华。

刘秀即位不久，便衣锦还乡，同族的年长女性议论说，刘秀什么都好，就是太温和了些。刘秀听了哈哈大笑，说："吾治天下亦以柔道行之。"他也确实是这样做的。他安抚战乱中流散的平民，废除擅杀奴仆不治罪的陈规，减刑轻税，精简政府机构和冗员，招纳、起用人才。刘秀在位三十余年，从不恣意放纵，豪华奢侈。他不喜欢饮酒，也不喜欢珍玩。在他临终的遗诏中，还说："我无益百姓。丧葬，一切都要像孝文皇帝（汉文帝）那样，务从约省。刺史、俸禄二千石的官吏，都不要离开城郭，也不要派官员来吊唁（yàn）。"他看重的不是外在形式，而是追求自己和他人内心真正的自然情感。

在中国两千多年的封建社会中，刘秀确实是一个开明、仁德的皇帝。

20.3

【原文】

孔子曰："不知命①，无以为君子也。不知礼，无以立也。不知言②，无以知人也。"

【注释】

①知命：认识天命或命运。

②知言：善于辨析他人的言辞。

【译文】

孔子说："不懂得天命，就不能做君子。不知道礼仪，就不能立身处世。不善于辨析别人的话语，就不能真正了解人。"

名师点评

本章作为《论语》的最后一章，孔子提出了著名的"三知"即"知命""知礼""知言"的学说，论述的是儒生的立身处世之道，也是学习的最高境界。

"不知命，无以为君子也"，就是说如果一个人不知道时代的趋势，不了解社会环境，没有自知之明，就无法成为君子。

"不知礼，无以立也"，强调了"礼"的重要性，这一点从封建时代对《礼记》的重视就可见一斑。礼仪是社会交往的基础，只有懂得礼仪，包括中国传统文化的哲学之道、处世之道，才能够立身于世。

"不知言，无以知人也"，只有真正听懂了别人的话，才能真正了解别人。而要想听懂别人的话，就不能处处站在自己的利益上考虑问题，而是应该尝试着站在对方的角度思考问题，设身处地地为别人着想，这样才能与他人进行有效的沟通。

延伸/阅读

战国初期，魏国是最强大的国家。这同魏文侯的贤明是分不开的。

魏文侯最大的优点是礼贤下士，知人善任，器重品德高尚而又具有才干的人。他广泛搜罗人才，虚心听取他们的意见，善于发挥他们的作用。因此，许多贤士能人都到魏国来了。

魏文侯采纳了李悝（kuī）的建议，对"世卿世禄"制进行改革。这项改革，剥夺了腐败没落的奴隶主贵族的"世袭"特权，增加了新兴地主阶级参与政治的机会，为巩固魏国的封建政权创造了条件。

接着，魏文侯又采纳了李悝的建议，在经济上进行了改革，实行"尽地力"的政策，就是积极兴建水利，改进耕作方法，以充分发挥土地的生产力。

同时，李悝还创立了"平籴法"：丰收年景，市面上粮价便宜，为了不使农民吃亏，国家把粮食照平价买进；遇到荒年，市面上粮价昂贵，国家仍照平价把粮食卖出。这样，不管年成好坏，粮价一直是平稳的，人民生活比过去安定，国家的赋税收入也得到了保证。

另外，李悝还编写了我国历史上第一部比较系统的封建法典——《法经》，分为《盗法》《贼法》《囚法》《捕法》《杂法》《具法》六篇，其目的主要是为了保护统治阶级的利益，但在维护社会秩序、稳定政局等方面也确实起到了作用。

社会稳定，内患清除，李悝又提出了军事改革。他任用吴起改革军制，

精选武士，创建了一支强大的军队，就连好战的秦国都不敢进攻魏国了。

　　李悝一系列的改革建议，都被魏文侯采纳、实行，起到了很好的作用。百姓们看到魏国日益强大起来，自己可以安居乐业，对国君就更加拥护了！

学海/拾贝

☆ 宽则得众，信则民任焉，敏则有功，公则说。

☆ 君子惠而不费，劳而不怨，欲而不贪，泰而不骄，威而不猛。

☆ 不知命，无以为君子也。不知礼，无以立也。不知言，无以知人也。